分布型符号数据的特征提取分析方法及应用

FENBUXING FUHAO SHUJU DE TEZHENG TIQU FENXI FANGFA JI YINGYONG

陈梅玲 著

中国财经出版传媒集团

图书在版编目（CIP）数据

分布型符号数据的特征提取分析方法及应用/陈梅玲著.
—北京：经济科学出版社，2020.3
ISBN 978-7-5218-1342-5

Ⅰ.①分… Ⅱ.①陈… Ⅲ.①统计方法-研究
Ⅳ.①C81

中国版本图书馆CIP数据核字（2020）第028629号

责任编辑：申先菊 赵 悦
责任校对：郑淑艳
责任印制：邱 天

分布型符号数据的特征提取分析方法及应用
陈梅玲 著
经济科学出版社出版、发行 新华书店经销
社址：北京市海淀区阜成路甲28号 邮编：100142
总编部电话：010-88191217 发行部电话：010-88191522
网址：www.esp.com.cn
电子邮箱：esp@esp.com.cn
天猫网店：经济科学出版社旗舰店
网址：http://jjkxcbs.tmall.com
北京季蜂印刷有限公司印装
710×1000 16开 6.5印张 110000字
2020年3月第1版 2020年3月第1次印刷
ISBN 978-7-5218-1342-5 定价：30.00元
（图书出现印装问题，本社负责调换。电话：010-88191510）

前　言

分布型符号数据（distributional symbolic data；probabilistic symbolic data；modal interval-valued data）是指，在一个或多个高维数据表中，数据表的每一个元素都是一个连续的分布函数，或者是一个直方图。有别于普通数据，分布型符号数据是对应于一定取值范围内具有某种分布特征的数据集合。这种特殊的表达形式和性质，使得分布型符号数据在多个领域内具有重要的应用价值。随着现代社会的发展，数据的收集和整理变得极其方便，人们常常需要面对庞大的数据海洋，传统的数据分析方法也逐渐受到挑战。这种挑战主要表现在，数据的样本量和变量维数巨大，导致计算工作量增大，计算结果的可解读性差，且难以获得数据的整体特性。例如，一个股票数据库中可能包含上万只股票的信息，一个银行信用卡客户的数据库中可能包含上百万个客户的信息。由于样本点数量巨大，运用传统方法对其进行信息挖掘往往带来难以承受的工作量，并且很难获取有效信息。此外，在实际工作中，分析人员更为关注的往往是某一类观测样本（如大盘公司、中盘公司、小盘公司；或者不同行业板块的股票等），而不是某一个单独的个体。

针对这类问题，戴迪（Diday）于1987年在国际分类协会联合会的第一次大会上提出了一种全新的数据分析思路——符号数据分析（symbolic data analysis）。符号数据分析研究的数据表的每个单元不再是一个普通的单值型数据，它可能是一个多值集合（定性或定量）、一个区间、一个直方图或者一个连续型分布等形式的数据。

符号数据分析的思想提出之后就受到了诸多关注，并取得了很多优秀的成果。

1996～1999年，欧洲17个科研组织以及3个国家统计研究所联合完成了符号官方数据分析系统（symbolic official data analysis system，SODAS）项目的研究工作，2000 年，由斯普林格（Springer）出版了第一部《符号数据分析：从复杂数据中提取统计信息的探索性方法》（*Analysis of symbolic data：Exploratory Methods for Extracting Statistical Information from Complex Data*）（Bock & Diday，2000）的专著，2006 年，由威利（Wiley）出版了第二部符号数据的专著《符号数据分析：概念统计与数据挖掘》（*Symbolic Data Analysis：Conceptual Statistics and Data Mining*）（Billard & Diday，2006），2008 年，戴迪又再次编辑出版了《符号数据分析与 SODAS 软件应用》（*Symbolic Data Analysis and the SODAS Software*）一书（Diday & Noirhomme – Fraiture，2008），这也使得符号数据分析方法得到了极大推广。

在国内有关符号数据的研究方面，我的导师王惠文教授的团队从 2000 年开始关注符号数据多元分析方法的理论与应用进展，并做了很多开创性工作。在应用方面，曾将区间型符号数据分析应用于股票市场、期货市场以及大规模期刊数据的研究中。在理论方面，针对长期以来区间数据分析方法只能使用局部信息的困境进行攻关，提出基于全信息代数框架的区间数据主成分分析方法（CIPCA）和全信息分析的回归分析方法（CIM）。该方法能够最准确地捕捉区间数据内部的全部信息，从而揭示了海量数据系统的内在规律。本书的研究内容正是在此基础上展开并深入的，以一般分布型符号数据为研究对象，从分布型符号数据的代数体系和运算规则入手，侧重于研究基于特征提取的若干分布型符号数据多元统计分析方法。

本书的主要思路是以概率论中连续随机变量的数字特征积分计算理论为基础，给出分布型符号数据的数字特征定义和线性组合计算方法，为分布型符号数据的多元统计分析方法构建统一的代数基础。在此基础上，开发了多种适用于分布型符号数据特征提取的分析研究方法，并将所提出的方法应用于学术期刊评价以及气象数据降水预测等实际问题中，同时，将此分析技术推广到某些特殊分布中，如均匀分布、正态分布等。

本书得到了国家自然科学基金项目（71801162、71031001）、中国博士后基金面上项目（2015M581191），以及首都经济贸易大学 2018 年度科研基金项目成果的资助。本书的出版得到了首都经济贸易大学统计学院领导和老师们的支持，在此表示深深的谢意。我还要感谢经济科学出版社的同志，他们为本书的出版和编辑付出了大量精力。

由于作者水平有限，书中难免存在缺点和不足，希望得到读者的批评和帮助！

陈梅玲

2019年9月

目录/Contents

第 1 章

绪　　论

1.1 背景介绍

随着信息技术的进步和发展，产生数据和搜集数据的能力大幅度提高。数据规模的急剧增大，使得传统的数据分析技术受到了极大挑战，样本点数量的增多，不仅加大了计算工作量，而且，蕴含在数据内部的信息很容易被湮没。例如，用传统的主成分分析技术来处理样本量过大的数据表时，往往难以从低维空间的散点图上直观、准确地观察到各个样本点的特征状况。因此，如何从海量数据集合中挖掘并提取有用的本质信息，目前，已成为经济、金融与管理领域研究中一个特别重要的问题。

符号数据分析（symbolic data analysis）是国际著名分类学家戴迪（Diday，1987）提出的，是一种研究如何从海量数据中发掘系统知识的理论和方法。该方法采取全新的数据整理方式与表达方式：在处理大规模数据集合时，先根据系统的重要属性或研究对象的概念（concept），将数据集合划分为若干类别，然后，再采用区间、集合、直方图或者是带参数的分布函数等对每一类数据进行概要描述。而符号数据分析就是研究如何对这种复杂类型的数据进行处理与分析。自戴迪提出符号数据分析的思想之后，符号数据的统计分析理论研究开始受到了诸多学者的关注。从 2000 年至今，戴迪等就相继出版了三本符号数据的专著（Bock & Diday，2000；Billard & Diday，2006；Diday & Noirhomme - Fraiture，2008），这些书中系统地介绍了符号数据分析的最新研究进展。目前，许多符号数据处理方法已被广泛地应用于股票市场（胡艳，王惠文，2004；李汶华，郭均鹏，2009）、期货市场（王惠文等，2007）、文献计量（张寅等，2010），以及气象预报（魏新，2010）等领域。

分布型符号数据（distributional symbolic data）（Irpino & Verde，2015；Verde et al.，2016）是符号数据的一种重要类型，是指在一个或多个高维数据表中，数据表的每一个元素都是一个连续的分布函数，或者是一个直方图。在已有的文献中，分布型符号数据也称为概率符号数据（probabilistic symbolic data）（Diday，1995；Diday，2005；Chen et al.，2015）或模态区间值数据（modal interval-valued data）（Bock and Diday，2000；Billard and Diday，2003，2006）。分布型符号数据是对应于一定取值范围内具有某种分布特征的数据集合，在很多领域中都具有重要的应用价值。一方面，分布型符号数据形式广泛地存在于自然科学研究和社会科学研究的各个领域中，用来表征不确定信息。例如，机械加工中零件的几何尺寸（直径、长度、宽度、高度）、强度、重量、使用寿命；随机测量误差；同一种生物体的身长、体重；某地区的年降雨量；学生考试成绩；人的智商；各种各样的心理学测试分数以及人们对某事物的评价值，等等，均可以采用分布型符号数据来描述。另一方面，分布型符号数据还可以用来概括系统中的大规模数据。随着信息技术的快速发展和大数据时代的来临，数据信息的收集与存储变得极为便捷。在许多公司、银行、金融市场、政府机构或者电商企业中，经过信息系统的持续应用和多属性业务数据的长期积累，已经形成规模巨大、亟待开发的全局数据。例如，某零售业巨头每小时处理上百万条交易数据，其中，包含所有消费者的购买时间和商品信息。此外，许多银行的信用卡使用数据每天都在快速增长，详细记录了人们的使用规律、购买物品和还款时间等丰富的信息。数据规模的急剧增大使得传统的数据分析技术受到了极大挑战，样本点数量的增多，不仅加大了计算工作量，而且，蕴含在数据内部的信息很容易被湮没。

30 多年来，符号数据分析已经取得了很多优秀的理论研究成果，许多传统统计方法都被推广到符号数据分析的框架下。虽然现有的符号数据分析领域已经存在大量关于分布型符号数据的研究工作，但是其理论研究仍有许多不足，集中表现为以下两方面：其一，大部分方法均要求数据表中每个单元的分布形式一致；其二，分布型符号数据的线性组合一直缺乏精确且统一的计算方法。例如，若干均匀分布的线性组合结果并不是均匀分布，而在区间数据分析中，人们采用莫尔（Moore）代数来定义区间数据的线性组合运算，使得一组均匀分布的线性组合的运算结果仍然是一个均匀分布，这就会造成很大的分析误差。

本书正是在这样的应用背景和研究基础上选题的，讨论服从任意分布的分布型符号数据的基础理论，根据概率论中关于分布函数的特殊性质，深入研究在概率空间中关于分布型符号数据的基本定义和运算规则，在此基础上建立分布型符号数据的分析建模技术，进一步扩展分布型符号数据的应用领域和解决实际问题的能力。

1.2　符号数据多元分析方法概述

本书旨在探讨分布型符号数据的多元统计分析方法，主要集中在特征提取方法上。为此，先对有符号数据的概念及分布型符号数据的相关分析方法等研究现状作简要介绍。其中，包括区间数据（即均匀分布型符号数据），以及直方图数据的分析现状，这些相关技术是进行分布型符号数据理论研究和方法研究的基础。

从目前的研究状况来看，在符号数据所涉及的几种类型数据中，研究成果最为集中的是服从均匀分布的区间数据。由于有关区间数据的研究最早源于莫尔（Moore，1966）对带有测量误差的数据集合的算术运算方法，因此，在20世纪80年代符号数据分析诞生后，区间数据的主成分分析、回归分析、判别分析、聚类分析等多元统计方法，很快就在此基础上应运而生。从现有的大多数研究成果来看，目前主流的区间数据分析技术的特点是，将一个p维空间的区间数据看作是该空间中的一个超矩形（hypercube），然后，通过提取该矩形中的一些典型信息（例如，矩形的顶点、中心或半径等），将高维的区间数据转换为普通数据，再利用经典的多元分析方法进行数据处理，最后，再设法将分析结论表达为区间数据形式。

在多元统计方法中，主成分分析是一种有效的数据降维方法。如何将针对传统单值型数据表的主成分分析方法推广到对符号数据表的分析中，是符号数据研究领域诸多学者关注的问题。目前，关于主成分分析的大量研究成果主要集中在区间数据，而对于区间数据的主成分分析的研究成果中，一种普遍的思路是利用局部信息代替整体信息，将符号数据表转化为普通的单值型数据表，从而进行主成分分析。例如，那盖布山等（Nagabhushanx et al.，1995）最早采用众数或者均值替代区间型的符号数据，进而提出一种有偏的符号数据主成分分析方法。之后，盖茨等（Cazes et al.，1997）提出顶点法的主成分分析（vertices principal component analysis，VPCA）和中心法主成分分析（centers principal component analysis，CPCA）。一个p维空间的区间数据被看作是该空间中的一个超矩形

(hypercube)。顶点法利用 p 维超矩形的所有顶点，将 p 维的区间数据表转换为普通数据表，中心法则采用区间数据表的中心来代替整个 p 维超矩形。长期以来，顶点法一直是应用人员的首选方案，然而，它在计算过程中有一个非常重要的使用限制，就是随着数据维度的增加，其计算量会以指数速度急剧膨胀。而中心法虽然解决了顶点法中的维数膨胀问题，但却完全没有考虑区间数据的形态信息，因此分析精度较低。

此后，又有一系列类似思路的分析方法出现。例如，劳洛等（Lauro et al.，2000）提出的符号对象主成分分析（symbolic object principal component analysis，SPCA）。它引入一个标签矩阵，用于标识出属于同一个超矩形的顶点，并在展开矩阵中将属于同一个区间样本的顶点信息置于同一个样本中，从而在求解过程中实现了符号对象内部的方差最大化。劳洛等（Lauro et al.，2000）还提出一种新的区间数据转换方法——基于半长转换的方法（range transformation principal component analysis，RTPCA），通过将区间数据的下界平移至原点处，将区间数据转换为以数值型数据表示的范围，以达到同时考虑超矩形的位置、大小和形状信息的目的。

另一个混合型的方法是，帕隆博和劳洛（Palumbo & Lauro，2003）提出的中心点半径主成分分析（midpoints radii principal component analysis，MRPCA），其分别提取区间数据的中心点与半径后，应用经典主成分分析方法进行数据处理。得乌尔索和希奥尔达尼（D'Urso & Giordani，2004）也基于区间数据的中心信息和半长信息，并将最小二乘法引入主成分分析过程中。上述区间数据的主成分分析方法提取的特征信息，只是近似代表了每一个超矩形，而无法涵盖其内部的所有信息。可见，这些方法在数据转化过程中均存在信息损失，其计算结果将不可避免地带有误差。

为了解决局部信息带来的偏差，越来越多的文献开始关注区间数据代数。乔亚和劳洛（Gioia & Lauro，2006）提出了一种新的区间数据主成分分析方法（interval principal component analysis，IPCA）。这种方法同时采用了区间代数理论和优化理论来分解多维区间数据的相关系数矩阵，第一次将区间代数引入了主成分分析。由于采用了区间代数，IPCA 求解得到的主成分方差和主成分系数均为区间型数据。由于这种表征形式非常特殊，使人难以理解相应的分析结果，因此，IPCA 并没有被广泛应用于实际工作中。

勒 - 拉德马赫和比拉德（Le - Rademacher & Billard，2012）提出使用符号数据的协方差矩阵将传统的主成分分析方法推广到区间数据的研究中，并提出了一种比莫尔代数更为精确的投影方式——多边形投影法。而王惠文等（2012）提出了区间数据的全信息法（complete information based PCA，CIPCA），该方法在协方差矩阵的构造上采用了区间内部的全部信息，投影上仍然使用莫尔代数来近似投影。

对于直方图数据的PCA研究，罗德里格斯等（Rodriguez et al.，2001）提出了一种将直方图数据表变换为区间数据表的方法，从而将对直方图数据的主成分分析问题转化为区间数据的主成分分析问题。该算法对由直方图数据和区间数据混合而成的数据表同样适用，并且，如果数据表中的所有数据单元均为区间数据，则该算法所得到的结果与中心法得到的结果相同。马科索－凯乐斯和戴迪（Makosso－Kallyth & Diday，2012）提出的直方图数据主成分分析的思路与针对区间数据的中心法主成分的思路类似，其先定义了直方图数据的均值，在此基础上对直方图符号数据表所对应的均值数据表进行普通的主成分分析，得到主成分。此外，运用切比雪夫（Chebyshev）不等式将直方图符号数据转化为区间数据，从而实现样本的投影。那盖布山和库马尔（Nagabhushan & Kumar，2007）从定义直方图型符号数据的0和1以及加、减、乘、除四种基本运算出发，通过计算这种数据表的协方差矩阵，实现主成分分析。

另外，还有部分文献针对其他类型的定量符号数据开展研究。卡哲士（Cazes，2002）将符号数据单元视为随机变量，并采用特征分解的算法求解多元分布型符号数据的协方差矩阵。2009年，高峰在《一般区间与分布式符号数据的PCA研究》一文中，研究了非均匀分布的区间数据的经验密度函数、样本数字特征以及主成分分析方法。然而，上述研究在主成分分析的投影方面，则运用区间数据的投影方法，采用区间莫尔代数进行分布型符号数据的加法运算和数乘运算，这样，将使得投影精度低且投影后的数据为区间数据。另外，市野（Ichino，2011）将分位函数方法（quantile function method）拓展到混合型符号数据的研究中。然而，分位函数的线性组合运算是不封闭的，也就是说，分位函数的线性组合可能不再是分位函数。

在多元统计分析中，典型相关分析方法是主成分分析的延伸和发展。与主成分分析研究类似，符号数据的典型相关分析方法也主要集中在区间数据。在区间数据的典型相关分析上，韦尔迪（Verde，1997，1999）采用了顶点法进行分析计算，将典型相关分析推广到符号数据的研究中，并采用多边形来表示符号对象在简化后的子空间的投影。王立元（2004）以中信证券风格指数作为研究对象，将符号数据分析方法运用到典型相关分析领域，对2002年中国股票市场的财务指标与市场表现进行了典型相关分析，研究了中国股市财务状况与市场表现的相关性及不同风格股票在财务和市场关系方面的差异性，其分析结论与客观现实非常吻合。从而证明使用符号数据的典型相关分析技术对大规模的多维动态数据系统进行综合简化是十分有效的，并实现了在二维空间中描述数据系统的运动规律，即高维动态数据系统的可视化。但是，王立元（2004）采用的区间数据表处理方法还是顶点法展开，如前所述，会造成计算的复杂与误差。胡瑶（2011）通过引进区间数据的点积定义的概念，并利用莫尔提出的区间数据线性组合计算公式，提出全信息的区间数据典型相关分析方法。

在判别分析领域，为了解决区间数据的多元判别问题，劳洛（Lauro，2000）提出了符号数据的因素判别分析方法。随后，劳洛（2000）等又提出了 SFDA 模型，该方法将区间数据表展开处理，然后采用经典费歇尔（Fisher）判别方法寻找最优的判别向量，并在投影空间内采用距离判别方法判定位置分类的区间样本的类别归属。随后，席尔瓦和布里托（Silva & Brito，2006）对这个问题进行了更为深入的研究，并提出了一种基于分布的区间数据多元判别分析模型。除了线性判别模型，判别决策树方法（Ciampi，1992；Diday，1988）、贝叶斯决策树方法（Rasson & Lallemand，2008）、分段数据的判别树方法（Bravo，1997，1998）也运用到符号数据分析中。此外，对于其他常用的多元统计分析方法，例如，回归分析、聚类分析，符号数据分析领域也有很多研究成果。

从上面的论述中可以看出，目前关于符号数据的大多数分析方法有一个共同的特点，将符号数据以某种方式转化为普通实数数据，进而套用经典的多元统计分析技术来求解模型。显然，这种处理方式至少有两个弊端：（1）势必造成信息损失，进而有可能影响分析人员对数据系统的认识和解释；（2）同一个分析套路难以在不同的分析技术间推广（如顶点法只能用于主成分分析而无法应用于线性回归模型中），这必然影响符号数据在多元统计分析方法方面的发展与进步，同时，对其实际应用也产生了很大阻碍。此外，关于分布型符号数据研究中一个很重要的研究内容——分布型符号数据的加法运算法则和数乘运算法则，现在还存在各种各样的问题。例如，现有的大多研究在进行建模和评价时，或者将分布型符号数据转化为普通数值型数据，用实数域上的四则运算法则进行计算，或者将分布转化为区间数据的形式，用莫尔的区间代数来近似计算。因此，提出关于分布型符号数据的基本运算方法并使之能够普遍适用于各种多元统计方法是非常有价值的。

1.3 本书的结构安排

本书从分布型符号数据的基本定义和运算等基础研究出发，进而介绍分布型符号数据的若干特征提取建模方法，并将相应的模型应用于实际问题中，为实际应用问题提供解决方案和思路。康宁汉姆（Cunninghan，2008）曾对各种降维技术做了大致分类，根据其工作方式分成特征提取类方法和变量筛选类方法。最常见的特征提取类方法，包含主成分分析、典型相关分析和费歇尔判别分析等。这些方法的共同特点是，依照某种最优化原则，将原始的多维变量综合为较少的新变量（通常被称为“成分”），实现将高维空间降到低维空间的目的，然后，利用这些成分进行后续的分析工作。这里所提到的成分，是原始变量集合的线性组合，系数是由相应的优化原则决定的。因此，特征提取建模方法的核心主要包括两方面：一方面，如何定义变量集合的 X_1，X_2，…，X_p 线性组合算法；另一方面，如何构造优化的对象和准则。

为此，本书的第 2 章和第 3 章将介绍分布型符号数据的基础理论。首先，在第 2 章中，对符号数据进行简要介绍，重点对分布型符号数据的基本概念给出明确的定义。其次，从其定义和内涵出发，以概率论中连续随机变量的数字特征积分计算理论为基础，给出分布型符号数据变量一阶原点矩、二阶原点矩，并以此给出均值、方差、协方差的表达方式。

第 3 章介绍了这类符号数据的两种线性组合计算方法。第一种是适用于直方图数据的、基于莫尔代数的近似计算方法；第二种是运用随机变量的特征函数将卷积运算转化为乘积运算，解决了多个分布的线性组合计算问题，避免了随机变量线性组合的卷积运算，从而给出了分布型符号数据线性组合的解析表达式。值得一提的是，这些定义和运算方法允许数据表中的每一个数据单元都服从不同的分布，因此，具有更加普遍的适用性，也更加合理、精确。

在第 2 章和第 3 章的基础上，本书第 4 ~6 章分别对分布型符号数据的若干特征提取方法的建模技术进行了理论研究。统计分析方法主要包括，分布型符号数据的主成分分析方法、典型相关分析方法以及费歇尔判别模型。

第 4 章提出适用分布型符号数据的主成分分析方法。基于分布型符号数据的数字特征定义和线性组合运算，对分布型符号数据主成分分析方法进行理论推导和性质证明，并给出建模步骤。该方法不仅可以处理现有的所有不同类型的定量型符号数据集，例如，区间数据、直方图数据、正态分布型符号数据等，还可以用于处理混合型分布的符号数据集合。仿真研究通过构造一个混合分布型符号数据集合，并采用随机抽样的数据点集作为标杆，以此来验证所提出的分布型符号数据主成分分析方法的有效性和准确性。此外，本章中的第一个应用案例，是用分布型符号数据主成分分析方法研究经典的区间数据案例，并将分析结果与现有的 3 种区间数据主成分分析方法的结果进行对比。结果显示，本书所提出的分布型符号数据主成分分析方法得到的主轴更加合理，投影更加精确。另一个应用案例是，对 2007 年的期刊引用报告（journal citation reports，JCR）中科学引文索引（science citation index，SCI）期刊的综合评价研究，将原始数据按照学科属性划分为 8 个学科，并把每一个学科的期刊在各个期刊评价指标上的数据表达为分布型符号数据，使用分布型符号数据对学术期刊数据进行分学科分析，然后，运用分布型符号数据的主成分分析方法，有效地挖掘了复杂数据内部的特征，提升了大规模复杂数据的可视化程度，并指出不同学科的学术期刊在影响程度、发文量等指标上有很大差异。

第 5 章提出分布型符号数据的典型相关分析。以分布型符号数据的线性组合和数字特征为基础，根据第 2 章推导的关于分布型符号数据组合后的分布变量的协方差的特征分析过程，推导分布型符号数据典型相关分析方法，进一步结合第 3 章分布型符号数据的线性运算方法，实现了分布型符号数据典型成分分布的可视化过程。分布型符号数据的典型相关分析方法同样应用于学术期刊的综合评价研究中，采用了中国引文数据库（Chinese science citation database，CSCD）和国际期刊引用报告（JCR）两个不同的期刊数据库。并在学科层面上挖掘数据的内部信息规律和不同数据库之间的联系，分析中国学术期刊及国际学术期刊的总体特性和学科差异，探寻不同数据库中文献计量指标不同的内在含义，从而反映中国学术期刊、整体科研水平及不同学科领域在国际上的发展地位和发展方向。

第 6 章介绍了分布型符号数据的费歇尔判别分析。同样，以分布型符号变量的线性组合和数字特征为基础，对分布型符号数据的费歇尔判别模型进行推导。通过仿真实验和实际案例说明所提判别方法的有效性。仿真实验采用的是正态分布型符号数据，具体思路是先利用仿真数据建立判别函数和判别规则，然后将这些样本点的各个指标的分布代入判别函数中，通过计算待判样本与所有类中心之间的距离，根据最小距离判别原则来判别待判样本的归属。进一步，通过计算判别效率，各个总体的平均正判率以及总的平均正判率对模型进行评价。案例研究是美国全境气象数据的降水预测问题，结果表明，分布型符号数据费歇尔判别方法能有效地融合样本的类别信息，模型的稳定性较好，判别结果比较可靠。

第 2 章

分布型符号数据的基本概念及数字特征

本章先阐明分布型符号数据的基本概念和表示形式，建立分布样本向量的基本假设；在此基础上，给出分布变量的均值、方差、协方差等数字特征。

2.1 分布型符号数据的基本概念

2.1.1 符号数据的类型

与传统统计分析方法相似，符号数据分析的工作对象也是一张由 p 维变量和 n 个样本点构成的数据表，称为符号数据表。与传统数据表不同的是，符号数据表中的每一个数据单元不再仅仅是一个单值的实数数值或者定性数据，而是可以表达多样化的形式，如一个区间、一个多值集合，甚至是一个分布，等等。目前，常用的符号数据主要有以下几种形式：

(1) 单值定性或者定量数据：

例如，假设“height”（高度）作为变量，w 是一个符号样本，有 w = 3.5，表示样本 w 的高度是 3.5 个单位，由此形成数据表，如式（2.1）所示。

$$\begin{pmatrix} x_{11} & x_{12} & \cdots & x_{1p} \\ x_{21} & x_{22} & \cdots & x_{2p} \\ \vdots & \vdots & \ddots & \vdots \\ x_{n1} & x_{n2} & \cdots & x_{np} \end{pmatrix}_{n \times p} \tag{2.1}$$

数据表的每个单元是一个实数 x_{uv}，即我们通常见到的普通数据表。

（2）多值集合：

例如，height(w) = {3.5，4.6，2}，表示符号样本 w 的高度可以是 3.5 个单位、4.6 个单位或 2 个单位，由此形成的数据表的每个单元表示为多个定性数据和定量的数据。

（3）区间数据：

例如，height(w) =［3.5，4.6］，表示符号样本 w 的高度在 3.5～4.6 个单位之间。

$$\begin{pmatrix} [\underline{x}_{11}, \overline{x}_{11}] & [\underline{x}_{12}, \overline{x}_{12}] & \cdots & [\underline{x}_{1p}, \overline{x}_{1p}] \\ [\underline{x}_{21}, \overline{x}_{21}] & [\underline{x}_{22}, \overline{x}_{22}] & \cdots & [\underline{x}_{2p}, \overline{x}_{2p}] \\ \vdots & \vdots & \ddots & \vdots \\ [\underline{x}_{n1}, \overline{x}_{n1}] & [\underline{x}_{n2}, \overline{x}_{n2}] & \cdots & [\underline{x}_{np}, \overline{x}_{np}] \end{pmatrix}_{n \times p} \tag{2.2}$$

式（2.2）中的每一个单元 $X_{uv} = [\underline{x}_{uv}, \overline{x}_{uv}]$，$\underline{x}_{uv} \leqslant \overline{x}_{uv}$，$u = 1, 2, \cdots, n$，$v = 1, 2, \cdots, p$，$\underline{x}_{uv}$，$\overline{x}_{uv}$ 均为实数。

（4）分布型符号数据：

此时，height 是一个具有分布特征的函数，可以用直方图或者带有参数的分布函数表达 w 的取值特征。图 2.1 展示的是直方图数据表的示意，即数据表中的每一个单元都是直方图；图 2.2 展示的是连续分布型符号数据表的示意，即数据表的每一个单元都是服从某个连续分布的随机变量。

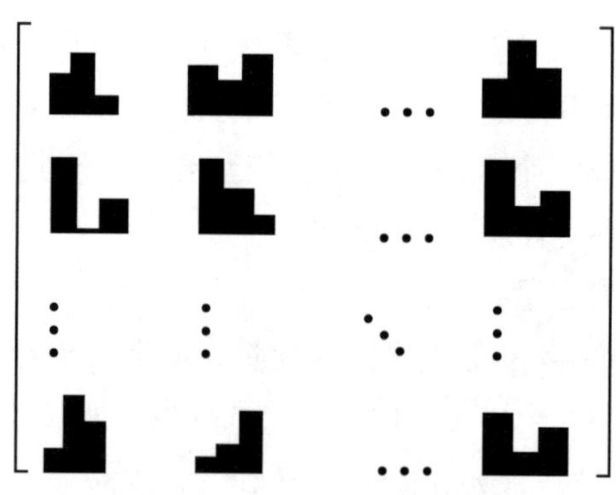

图 2.1　直方图数据表示意

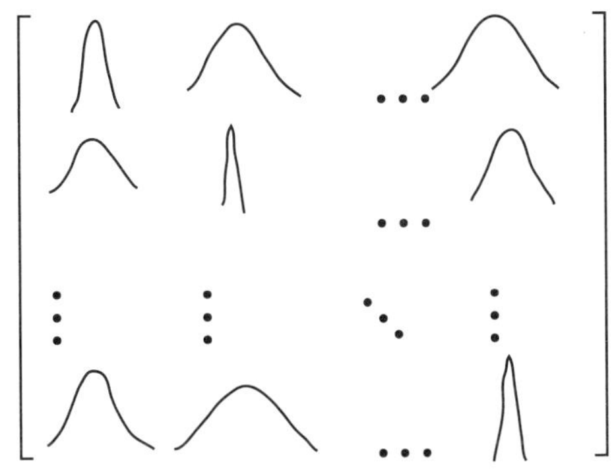

图 2.2　连续分布型符号数据表示意

由于多值集合可以看成是离散型分布，区间数据可视为服从均匀分布，因此都可以看作是分布型符号数据的特例。事实上，传统的单值定量数据也是符号数据的一种形式，它可以看作区间数据的一个特例，因此，也是分布型符号数据的一个特例（Bock & Diday，2000）。

符号数据丰富的数据形式，为其处理大规模数据系统建立了良好的基础。符号数据分析一般分为两个步骤：第一个步骤对原始系统进行有效的数据挖掘（data mining），比如，可以把采集到的原始数据集合进行“数据打包”，在不破坏其原有内在逻辑关系的条件下，对样本点空间进行简约，降低样本点的规模，形成维度相对较低的有效信息集合；再进行知识采掘（knowledge mining），运用具体的符号数据多元分析技术构建合理的模型，揭示系统的内在规律性。

2.1.2　分布型符号数据的定义

本书就是围绕着分布型符号数据展开的，下面将给出分布型符号数据的定义。

定义 2.1　考虑一个 $n \times p$ 维的符号数据矩阵 $X_{n \times p}$，它的每个元素可以看作一个随机变量服从某种分布，若其累积分布函数 $F_{X_{uv}}(x)$ [概率密度函数为 $f_{X_{uv}}(x)$]，可以记为 $X_{uv} \sim F_{X_{uv}}(x)$。将这种数据矩阵称为分布型符号数据矩阵，记作：

$$X_{n \times p} = (X_1, X_2, \cdots, X_p) = \begin{pmatrix} O_1^T \\ O_2^T \\ \vdots \\ O_n^T \end{pmatrix} = \begin{pmatrix} X_{11} & X_{12} & \cdots & X_{1p} \\ X_{21} & X_{22} & \cdots & X_{2p} \\ \vdots & \vdots & \ddots & \vdots \\ X_{n1} & X_{n2} & \cdots & X_{np} \end{pmatrix}_{n \times p} \tag{2.3}$$

在式（2.3）中，第 v 列 $X_v=(X_{1v}, X_{2v}, \cdots, X_{nv})^T$，$(v=1, 2, \cdots, p)$ 称为第 v 个分布型符号数据向量，是 n 个符号对象在第 v 个指标上的取值向量，第 u 行 $O_u^T=(X_{u1}, X_{u2}, \cdots, X_{up})$ 为第 u 个符号对象在 p 个分布变量上的取值向量。

在这个定义中，数据表中的每个单元可以是不同的分布。同时，以下常用的几种定量符号数据类型，均可以看作分布型符号数据的特例。

（1）传统数据，也称作定量单点数据，当且仅当数据表的每个单元 X_{uv} 是一个实数 x_{uv}，在这种情况下，X_{uv} 可以看作一种特殊的随机变量，服从下面的概率密度函数：

$$f_{X_{uv}}(x)=\delta(x-x_{uv})=\begin{cases}+\infty, & x=x_{uv}\\ 0, & x\neq x_{uv}\end{cases} \tag{2.4}$$

（2）区间数据，当且仅当数据表中的每个单元 $X_{uv}=[\underline{x}_{uv}, \overline{x}_{uv}]$，$\underline{x}_{uv}$，$\overline{x}_{uv}$ 均为实数。此时，X_{uv} 可以看作一个均匀分布的随机变量，参数为 $\underline{x}_{uv}$ 和 $\overline{x}_{uv}$，亦即 $X_{uv}\sim U(a, b)$，其密度函数 $f_{X_{uv}}(x)$ 可以表示为：

$$f_{X_{uv}}(x)=\begin{cases}\dfrac{1}{\overline{x}_{uv}-\underline{x}_{uv}}, & \underline{x}_{uv}\leqslant x\leqslant\overline{x}_{uv}\\ 0, & 其他\end{cases} \tag{2.5}$$

（3）直方图数据，当且仅当数据表的每个单元可以表示为：

$$X_{uv}=\{[x_{uv}^0, x_{uv}^1], p_{uv}^1; [x_{uv}^1, x_{uv}^2], p_{uv}^2; \cdots; [x_{uv}^{M-1}, x_{uv}^M], p_{uv}^M\}$$

其中，$0\leqslant p_{uv}^m\leqslant 1$，$\sum_{m=1}^{M} p_{uv}^m=1$，$x_{uv}^m(m=1, 2, \cdots, M+1)$ 均为实数，M 是该直方图所包含的子区间的个数，也称作直方图的组数或形态数（number of modalities）。此时，X_{uv} 可以看作服从经验分布，它的密度函数为一个阶梯函数，相对应的分布函数为一个分段线性函数。其密度函数 $f_{X_{uv}}(x)$ 可以表示为如式（2.6）所示。

$$f_{X_{uv}}(x)=\begin{cases}\dfrac{p_{uv}^m}{x_{uv}^m-x_{uv}^{m-1}}, & x_{uv}^{m-1}\leqslant x<x_{uv}^m(m=1, 2, \cdots, M)\\ 0, & 其他\end{cases} \tag{2.6}$$

（4）正态分布型符号数据，当且仅当数据表中的每个单元都服从正态分布，即 $X_{uv}\sim N(\mu_{uv}, \sigma_{uv}^2)$，密度函数 $f_{X_{uv}}(x)$ 则为：

$$f_{X_{uv}}(x)=\frac{1}{\sigma_{uv}\sqrt{2\pi}}e^{-\frac{1}{2}\left(\frac{x-\mu_{uv}}{\sigma_{uv}}\right)^2} \tag{2.7}$$

需要特别指出的是，在实际工作中，当我们通过某种方式获得 $n\times p$ 维分布型符号数据表时，我们就得到了每一个符号对象在各变量上取值所服从的边沿分布，而得不到它们的联合分布。因此，在本书中，对于每一个样本 O_u^T，假设 X_{uv} 和 X_{uw} 是相互独立的，也就是说，对于同一个观测符号对象 O_u^T，它的各个指标变量 X_{u1}，X_{u2}，…，X_{up} 之间的分布是相互独立的。事实上，在以往符号数据分析的文献中，这种“单个样本点具有正交维度”的假设就广泛存在（下文称为独立假设）。例如，卡哲仕等（Cazes et al.，1997）把每个区间样本看作空间中的一个超矩形（hypercube）。其中隐含的假设就是同一个样本在不同维度的边沿分布均为均匀分布，并且相互独立。比拉德和戴迪（2006）同样采用了这种假设。

2.2　分布型符号数据的数字特征

在分布型符号数据表中，每个分布向量 X_v 表示所有样本点在第 v 个指标上的取值分布，可以使用分布变量的统计特征来描述分布型符号数据表的基本特点，其中，包括均值、方差、协方差，等等，这些统计特征通常采用样本统计量来估计。在本节中，我们先介绍分布型符号数据的数字特征的定义，进而得到它的协方差矩阵，此外，还给出了相关的数据预处理技术。

2.2.1　分布数据的数字特征的定义

卡哲仕（Cazes，2002）指出，每一个符号样本可以描绘为 p 维空间中无限稠密的一个样本点群。根据这一表述，我们可以采用积分的方式来求解符号数据的统计特征。假设每一个符号样本是等可能地被观测到的，我们得到如下定义：

定义 2.2　对于有 n 个观测对象的分布变量 $X_v=(X_{1v},X_{2v},\cdots,X_{nv})'$，定义其一阶原点矩 $E_S(X_v)\in R$：

$$\mu_v=E_S(X_v)=\frac{1}{n}\sum_{u=1}^{n}E(X_{uv})=\frac{1}{n}\sum_{u=1}^{n}\int_{-\infty}^{+\infty}xf_{uv}(x)dx \tag{2.8}$$

定义其二阶原点矩 $E_S(X_v^2)\in R$：

$$E_S(X_v^2)=\frac{1}{n}\sum_{u=1}^{n}E(X_{uv}^2)=\frac{1}{n}\sum_{u=1}^{n}\int_{-\infty}^{+\infty}x^2f_{uv}(x)dx \tag{2.9}$$

在式（2.8）和式（2.9）中，$E(X_{uv})$ 和 $E(X_{uv}^2)$ 分别表示随机变量 X_{uv} 的一

阶原点矩和二阶原点矩。下标 S 表示此处统计特征的定义是在符号数据所在的空间中。

定义 2.3 对于有 n 个观测对象的任意两个分布变量 X_v 和 $X_w(v\neq w)$，定义其二阶混合原点矩 $E_S(X_vX_w)\in R$：

$$E_S(X_vX_w) = \frac{1}{n}\sum_{u=1}^{n}E(X_{uv}X_{uw}) = \frac{1}{n}\sum_{u=1}^{n}E(X_{uv})E(X_{uw}) \tag{2.10}$$

根据 2.1.2 节中的独立假设，X_{uv}，X_{uw} 是相互独立的，因此，公式（2.10）的第二个等号成立。容易证明，上述关于分布型符号数据的二阶原点矩和二阶混合矩满足如下定理。

定理 2.1 对于两个分布变量 X，Y，定义 2.2 中给出的二阶原点矩具有如下性质：

（1）$E_S(X^2)\geqslant 0$；

（2）$E_S((\alpha X)^2)=\alpha^2E_S(X^2)$，α 为实数；

（3）$E_S((X+Y)^2)=E_S(X^2)+2E_S(XY)+E_S(Y^2)$。

证明：

设有两个随机变量 X，Y 和实数 α。根据经典的概率论原理有：

$$E(X^2)\geqslant 0 \tag{2.11}$$

$$E((\alpha X)^2)=\alpha^2E(X^2) \tag{2.12}$$

$$E((X+Y)^2)=E(X^2)+2E(XY)+E(Y^2) \tag{2.13}$$

当 $X=(X_1, X_2, \cdots, X_n)'$ 和 $Y=(Y_1, Y_2, \cdots, Y_n)'$ 的每个元素都是服从某一分布的随机变量时，根据式（2.11）~式（2.13）容易证明：

$$E_S(X^2) = \frac{1}{n}\sum_{u=1}^{n}E(X_u^2) \geqslant 0 \tag{2.14}$$

$$E_S((\alpha X)^2) = \frac{1}{n}\sum_{u=1}^{n}E((\alpha X_u)^2) = \frac{1}{n}\sum_{u=1}^{n}\alpha^2E(X_u^2) = \alpha^2E_S(X^2) \tag{2.15}$$

$$\begin{aligned} E_S((X+Y)^2) &= \frac{1}{n}\sum_{u=1}^{n}E((X_u+Y_u)^2) \\ &= \frac{1}{n}\sum_{u=1}^{n}[E(X_u^2)+2E(X_uY_u)+E(Y_u^2)] \\ &= E_S(X^2)+2E_S(XY)+E_S(Y^2) \end{aligned} \tag{2.16}$$

定理 2.2 对于给定的分布变量 X，Y，Z，定义 2.3 中给出的二阶混合原点矩具有如下性质：

(1) $E_S(XY)=E_S(YX)$;

(2) $E_S(\alpha XY)=\alpha E_S(XY)$, α 为实数;

(3) $E_S((X+Y)Z)=E_S(XZ)+E_S(YZ)$。

证明:

设有三个随机变量 X, Y, Z 以及实数 α。根据经典的概率论理论,有:

$$E(XY)=E(YX) \tag{2.17}$$

$$E(\alpha XY)=\alpha E(XY) \tag{2.18}$$

$$E((X+Y)Z)=E(XZ)+E(YZ) \tag{2.19}$$

当 $X=(X_1, X_2, \cdots, X_n)'$, $Y=(Y_1, Y_2, \cdots, Y_n)'$ 和 $Z=(Z_1, Z_2, \cdots, Z_n)'$ 的每个元素都是服从某一分布的随机变量时,根据式(2.17)~式(2.19),容易证明:

$$E_S(XY)=\frac{1}{n}\sum_{u=1}^{n}E(X_uY_u)=\frac{1}{n}\sum_{u=1}^{n}E(Y_uX_u)=E_S(YX) \tag{2.20}$$

$$E_S(\alpha XY)=\frac{1}{n}\sum_{u=1}^{n}E(\alpha X_uY_u)=\frac{1}{n}\sum_{u=1}^{n}\alpha E(X_uY_u)=\alpha E_S(XY) \tag{2.21}$$

$$\begin{aligned}E_S((X+Y)Z)&=\frac{1}{n}\sum_{u=1}^{n}E((X_u+Y_u)Z_u)\\&=\frac{1}{n}\sum_{u=1}^{n}[E(X_uZ_u)+E(Y_uZ_u)]\\&=E_S(XZ)+E_S(YZ)\end{aligned} \tag{2.22}$$

根据以上定义和定理,分布变量 X_v 的方差, X_v, X_w 的协方差可以分别表示为以下形式:

$$D_S(X_v)=E_S((X_v-E_S(X_v))^2)=E_S(X_v^2)-E_S(X_v)^2 \tag{2.23}$$

$$\begin{aligned}cov_S(X_v, X_w)&=E_S((X_v-E_S(X_v))(X_w-E_S(X_w)))\\&=E_S(X_vX_w)-E_S(X_v)E_S(X_w)\end{aligned} \tag{2.24}$$

依据式(2.23)和式(2.24),还可以得到分布变量的协方差矩阵和相关系数矩阵的表达式,即:

$$\sum{}_S=\begin{pmatrix}D_S(X_1) & cov_S(X_1, X_2) & \cdots & cov_S(X_1, X_p)\\ cov_S(X_2, X_1) & D_S(X_2) & \cdots & cov_S(X_2, X_p)\\ \vdots & \vdots & \ddots & \vdots\\ cov_S(X_p, X_1) & cov_S(X_p, X_2) & \cdots & D_S(X_p)\end{pmatrix} \tag{2.25}$$

$$R_S=\begin{pmatrix}1 & corr_S(X_1, X_2) & \cdots & corr_S(X_1, X_p)\\ corr_S(X_2, X_1) & 1 & \cdots & corr_S(X_2, X_p)\\ \vdots & \vdots & \ddots & \vdots\\ corr_S(X_p, X_1) & corr_S(X_p, X_2) & \cdots & 1\end{pmatrix} \tag{2.26}$$

其中：

$$corr_S(X_v, X_w)=\frac{cov_S(X_v, X_w)}{\sqrt{D_S(X_v)}\sqrt{D_S(X_w)}},\quad \forall v\neq w \tag{2.27}$$

$corr_S(X_v, X_w)$ 表示 X_v 和 X_w 的相关系数。

在多元分析中，可以用方差测度变量所携带的信息。变量的方差越大，则其携带的信息越多。准确定义分布型符号数据变量的方差，才能保证多元分析方法的建模精度。在给出定义 2.2 时，我们提到卡哲仕（2002）指出了一个符号样本可以对应 p 维空间中无限稠密的一个样本点群，这些数据点即为符号数据的全部信息。以下，将在一个给定的直方图变量中模拟出服从这一分布的一群数据点，以此来代表符号数据的全部信息。进一步，将这一群数据点的方差与根据本节定义的符号变量方差做对比，以验证本节所定义方差的合理性。

为了便于理解，我们简单地构造含有 3 个样本点的两个直方图数据变量，所得的数据如表 2.1 所示。

表 2.1　人工构造的直方图数据

$f(x_1)=\begin{cases}0.2, & x_1\in[2, 3)\\ 0.5, & x_1\in[3, 4)\\ 0.3, & x_1\in[4, 5]\\ 0, & 其他\end{cases}$	$f(y_1)=\begin{cases}0.2, & y_1\in[5, 6)\\ 0.7, & y_1\in[6, 7)\\ 0.1, & y_1\in[7, 8]\\ 0, & 其他\end{cases}$
$f(x_2)=\begin{cases}0.3, & x_2\in[6, 7)\\ 0.6, & x_2\in[7, 8)\\ 0.1, & x_2\in[8, 9]\\ 0, & 其他\end{cases}$	$f(y_2)=\begin{cases}0.2, & y_2\in[10, 11)\\ 0.5, & y_2\in[11, 12)\\ 0.3, & y_2\in[12, 13]\\ 0, & 其他\end{cases}$
$f(x_3)=\begin{cases}0.1, & x_3\in[4, 5)\\ 0.5, & x_3\in[5, 6)\\ 0.4, & x_3\in[6, 7]\\ 0, & 其他\end{cases}$	$f(y_3)=\begin{cases}0.6, & y_3\in[7, 9)\\ 0.2, & y_3\in[9, 10)\\ 0.2, & y_3\in[10, 11]\\ 0, & 其他\end{cases}$

得到直方图数据表后，对于其中的每一个直方图，我们将通过分化数据定义

域区间的办法得到一个服从该直方图的数值型数据表。即，对于一个直方图 $x_{ij}=\{I_{ij},f_{ij}\}$，在该直方图的定义域区间 I_{ij} 选取 m 个实数，把其中第 k 个分组区间平均分为 $m\times p_{ij}^{k}(k=1,\cdots,K)$ 等分。此时形成的单值数据样本分布近似服从 x_{ij} 的分布，这里的 m 称为分化点数，并且如果分化点数越密集，则得到的数值型数据点的分布越接近于原始的直方图。例如：

（1）对于直方图 $x=\{[2,3),0.2;[3,4),0.5;[4,5],0.3\}$，若分化点数为 20，如图 2.3 所示。

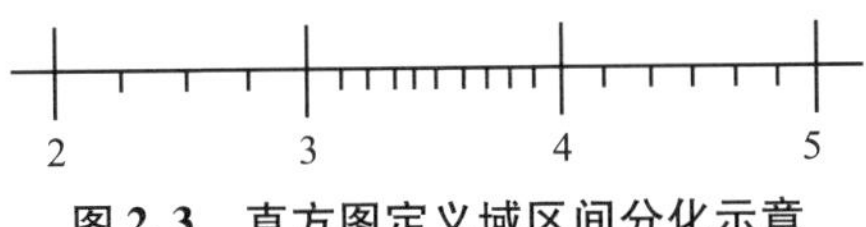

图 2.3　直方图定义域区间分化示意

（2）对于二维的直方图数据点，$(x,y)=(\{[2,3),0.2;[3,4),0.5;[4,5],0.3\},\{[5,6),0.2;[6,7),0.7;[7,8],0.1\}$，若 m=20 和 m=50 的数值型数据分布，如图 2.4 所示。在图 2.4 中，左图一共有 441 个点，右图一共有 2601 个点。

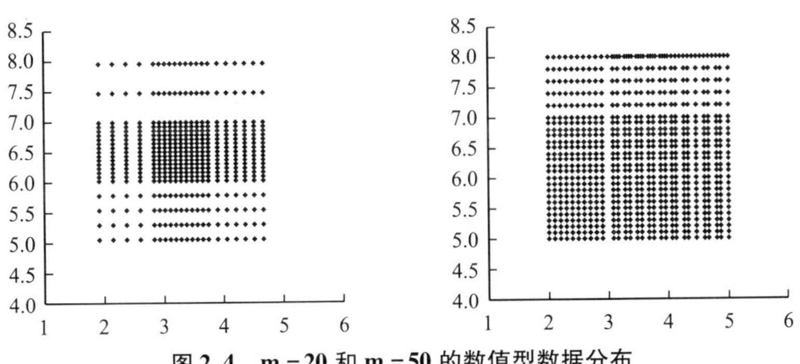

图 2.4　m=20 和 m=50 的数值型数据分布

这样一来，一个 p 的直方图样本将扩容为 $(m+1)^{p}$ 个数值型数据样本。对于数值型数据集合，可以进行普通数据样本的统计分析。在这里主要简单说明如下两方面内容：

第一，连续随机变量的基本运算，适用于独立假设下符号数据单元的独立假设下的均值、二阶原点矩、方差和二阶混合原点矩。这里，把分化点数分别设为 10、20、30、40、50、70、100。只计算第一个直方图数据单元 $f(x_1)$ 的均值和方差，以及 $f(x_1)$ 与 $f(y_1)$ 的二阶混合原点矩，可以得到表2.2的结果。从表2.2中的数据可以看出，随着随机分化点数的增大，采用分化数据计算的结果越来越接近于理论上算出的数字，这也印证了我们所采用方法的有效性。

表2.2 $f(x_1)$ 的数字特征与分化数据计算结果比较

分化点数	均值	二阶原点矩	方差	$f(x_1)$ 与 $f(y_1)$ 二阶混合原点矩
10	3.5909	13.6369	0.7422	23.0145
20	3.5952	13.5835	0.6577	23.0266
30	3.5968	13.5664	0.6296	23.0310
40	3.5976	13.5580	0.6155	23.0332
50	3.5980	13.5530	0.6071	23.0345
100	3.5990	13.5431	0.5902	23.0372
理论值	3.6	13.5333	0.5733	23.04

第二，采用同样的方法来验证两个分布型符号变量的均值、方差和协方差。这里仅仅取了分化点数为50的情况，再来简单比较计算结果，计算结果如表2.3所示。从表2.3中可以看出，采用分化点数为50的分化数据的计算结果，与采用式（2.8）、式（2.23）、式（2.24）计算出来的理论值已经相当接近了。事实上，随着分化点数的增加，分化数据得到的均值、方差和协方差均会趋向于理论值，感兴趣的读者可以自行验证。

表2.3 两个分布型符号变量的数字特征与分化数据计算结果比较

变量	理论值	分化点数为50的计算值
X 均值	5.5667	5.5654
X 方差	2.8122	2.8544
Y 均值	8.9	8.9020
Y 方差	5.1233	5.1612
XY 协方差	3.1333	3.1376

2.2.2 相关的处理技术

在运用多元统计分析进行建模之前，往往需要对数据表中的每个单元进行预处理。下面，我们介绍分布型符号数据的中心化、无量纲化和标准化的处理方法。

（1）中心化处理，就是将符号数据表（2.3）中的每一个元素 X_{uv} 作如下变换：

$$\tilde{X}_{uv} = X_{uv} - \mu_v \tag{2.28}$$

分布型符号数据的中心化处理相当于对分布变量内的所有观测群点进行位置上的平移，这种平移不会改变观测样本形状，也不会改变它们之间的相互位置关系，更不会改变变量之间的相关关系。在中心化处理后，分布变量 X_v 的方差，X_v，X_w 的协方差分别表达为如下形式：

$$E_S(\tilde{X}_v) = 0 \tag{2.29}$$

$$D_S(\tilde{X}_v) = E_S(\tilde{X}_v^2) \tag{2.30}$$

$$\mathrm{cov}_S(\tilde{X}_v, \tilde{X}_w) = E_S(\tilde{X}_v \tilde{X}_w) \tag{2.31}$$

（2）无量纲化处理：

$$X_{uv}^* = \frac{X_{uv}}{\sqrt{D_S(X_v)}} \tag{2.32}$$

经过无量纲化处理，分布变量的方差都变成1，这样，有利于真实地反映观测样本的离散情况，不受不同变量量纲的干扰。

（3）标准化处理：

$$X_{uv}^{**} = \frac{X_{uv} - \mu_v}{\sqrt{D_S(X_v)}} \tag{2.33}$$

容易证明，经过标准化后的分布变量的均值为0，方差为1。并且此时：

$$\mathrm{cov}_S(X_v^{**}, X_w^{**}) = \mathrm{corr}_S(X_v^{**}, X_w^{**}) \tag{2.34}$$

即标准化后变量的协方差矩阵和相关矩阵是相等的。

2.3 本章小结

本章先介绍了符号数据的主要形式，包括单值数据、区间数据、直方图数据、分布型数据等，在此基础上，给出了分布型符号数据的具体定义，并说明其他类型的定量符号数据均可以看作分布型符号数据的特殊情况，并给出其对应的概率密度函数。然后，在现有研究成果的基础上，本书基于连续型随机变量的数字特征积分计算理论，给出了分布变量的均值、方差、协方差的定义和计算原则，并给出了相关的数据预处理技术。

第 3 章

分布型符号数据的线性运算

由于分布型符号数据的每一个单元是一个服从某个分布的随机变量，因此研究随机变量空间的线性性质是解决分布型符号数据线性组合问题的基础。在本节中，我们将要介绍随两种分布型符号数据的线性组合计算方法：其一是将区间数据莫尔代数推广到直方图数据中，这一方法的优点是较为精确，且直观易懂。其二是介绍经过线性运算后随机变量如何运用特征函数这一工具来求解其分布密度函数，并结合随机变量数字特征的性质给出分布型符号数据的线性组合表达方法。

3.1 基于莫尔代数的直方图数据的线性运算

3.1.1 基于莫尔代数的直方图数据线性组合的近似计算

如前所述，符号数据现在最多的研究工作是集中在区间数据，而对区间数据的早期研究主要集中于误差的计算问题。20 世纪五六十年代，莫尔（1966）提出了区间算术（interval arithmetic）的理论方法，解决了舍入误差（rounding errors）和测量误差（measurement errors）的数值计算问题，也为区间数据在其他领域的应用奠定了基础。基于莫尔区间算术，区间向量的线性组合运算可以表达为：

定义 3.1 （莫尔代数）如果有 p 个区间变量 X_1，X_2，…，X_p；并且有实数 $a_v \in R$，$v=1$，2，…，p。定义区间变量 Y 为 X_1，X_2，…，X_p 的线性组合，即：

$$Y = \sum_{v=1}^{p} a_v X_v = ([\underline{y}_1, \overline{y}_1] \quad [\underline{y}_2, \overline{y}_2] \quad \cdots \quad [\underline{y}_n, \overline{y}_n])' \tag{3.1}$$

其中：

$$\underline{y}_u = \sum_{v=1}^{p} a_v [\tau \underline{x}_{uv} + (1-\tau)\overline{x}_{uv}] \tag{3.2}$$

$$\overline{y}_u = \sum_{v=1}^{p} a_v [(1-\tau)\underline{x}_{uv} + \tau \overline{x}_{uv}] \tag{3.3}$$

在式（3.2）和式（3.3）中，$\tau = \begin{cases} 0 & a_v \leqslant 0 \\ 1 & a_v > 0 \end{cases}$。

图3.1给出了莫尔代数的线性组合（即投影方法）的示意图，现有的区间数据分析方法大多采用这种方式投影。

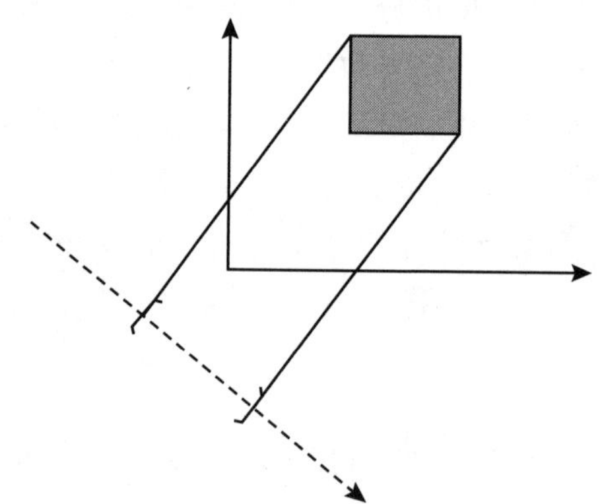

图3.1 二维空间中区间数据莫尔代数线性投影示意

根据定义3.1，可以相应地给出直方图数据的线性组合计算方法，具体表达如下，对于给定的p个直方图数据变量 X_1，X_2，…，X_p，以及一组实数 $a_v(v=1, 2, \cdots, p)$，Y为直方图变量 X_1，X_2，…，X_p 的线性组合可以表达为：

$$Y = (Y_1, Y_2, \cdots, Y_n)' \approx \sum_{v=1}^{p} a_v X_v \tag{3.4}$$

这里的直方图向量Y仍然可以作为一个直方图变量，其中的每一个分量可以表达为如下形式：

$$Y_u = \{I'_u, f'_u\} = \{\xi \in [y_u^k, y_u^{k+1}), p_u^{k'}; k = 1, 2, \cdots, K_u\} \tag{3.5}$$

在式（3.5）中，$K_u = \max\{K_{uv} | u = 1, \cdots, n; v = 1, \cdots, p\}$。对于第uv个直方图 x_{uv}，对应的直方图的形态数为 K_{uv}，每个分组区间具有相应的密度函数

p_{uv}^k，$k=1$，…，K_{uv}，这样，就形成了空间中的 $\prod_{v=1}^{p}K_{uv}$ 个 p 维超立方体，超立方体的密度值为对应分组区间密度值的乘积 p'_{uw}，$w=1, 2, \cdots, \prod_{v=1}^{p}K_{uv}$。根据莫尔代数的线性组合定义，对所有的超立方体进行投影，从而求出 I'_{uw}，$w=1, 2, \cdots, \prod_{v=1}^{p}K_{uv}$。然后，求出这些区间的最大值、最小值，并将其平均分为 K_u 份，得到直方图 y_u 的分组区间 $I_u^{k'}=[y_u^k, y_u^{k+1})$，$k=1, 2, \cdots, K_u$。将上述求出的 $\prod_{v=1}^{p}K_{uv}$ 个区间 I'_{uw}，$w=1, 2, \cdots, \prod_{v=1}^{p}K_{uv}$ 投影到 $I_u^{k'}$ 中，表示为式（3.6）。

$$p_u^{k'} = \sum_{w} p'_{uw}\frac{\| I'_{uw}\cap I_u^{k'} \|}{\| I'_{uw} \|},\ w = 1, 2, \cdots, \prod_{v=1}^{p}K_{uv} \tag{3.6}$$

按照上述计算过程，就可以计算出第 u 个直方图样本中各变量的线性组合。

3.1.2　数据案例

本节将构造一个简单的数据案例，更直观地说明 3.1.1 小节中给出的投影方法的有效性。

首先，采用蒙特卡洛仿真方法生成一个 50×4 直方图数据表。不失一般性，我们取所有直方图的形态数为 3，因此，对于第 ij 个直方图 $x_{ij}=\{I_{ij}, f_{ij}\}$，可以通过下面两个步骤来随机产生：

（1）定义域区间 I_{ij} 的产生方法：先随机生成中心点 $x_{ij}^C \sim U[-5, 5]$，半长 $x_{ij}^R \sim U[1, 10]$，这样，可以得到直方图的区间 $I_{ij}=[x_{ij}^C - x_{ij}^R, x_{ij}^C + x_{ij}^R]$，再把区间 I_{ij} 平均分成 3 等份，得到 $I_{ij}^k=[x_{ij}^k, x_{ij}^{k+1})$，$k=1, \cdots, 3$。

（2）密度（频次）函数 f_{ij} 的产生方法：先生成 3 个数据 q_{ij}^1，q_{ij}^2，q_{ij}^3，使得 $q_{ij}^k \sim U[0, 1]$，$k=1, 2, 3$。再对这 3 个数据采用如下处理：

$$Q_{ij} = \sum_{k=1}^{3} q_{ij}^k,\ p_{ij}^k = q_{ij}^k / Q_{ij},\ k = 1,2,3$$

此时，满足 $\sum_{k=1}^{3} p_{ij}^k = 1$，可以得到数据表中的第 ij 个直方图的密度函数。

其次，对于直方图数据表后，对于其中的每一个直方图，我们同样采用第 2 章的 2.2.1 节中提到的分化数据定义域区间的办法，得到一个服从该直方图的数值型数据表。不失一般性，取系数向量为 $\alpha=[-0.633, 0.118, 0.673, 0.366]$，这里的 α 实际上是仿真数据的方差变异最大方法，即第一主成分方法。但在本例中仅为了说明线性运算的有效性。

最后，我们对上述的直方图和数据表同数值型数据表分别进行投影：利用基于莫尔代数的直方图数据线性组合方法对直方图变量进行投影；直接计算数值型数据样本点在 α 上进行投影后的经验分布频次。为了节省计算量，我们取分化点数 m 为 10，这时得到的数值型数据表的样本点个数为 732050。投影后，采用两个独立样本的 Kolmogorov - Smirnov 检验 D_i，可以算出 $\max_{1\leqslant k\leqslant 50} D_i=0.091$。通过查找 Kolmogorov - Smirnov 检验中 D 的临界值表可知，自由度为 3 的 Kolmogorov - Smirnov 检验单边 - p 为 0.9 的阈值为 0.636，因此，50 个样本的结果均是不能拒绝原假设，说明样本的第一主成分直方图与数值型数据的第一主成分样本的经验分布是一致的。图 3.2 给出的是其中一个样本的投影对比图，左图是基于莫尔代数的直方图数据线性组合方法的投影图，右图是数值型数据在 α 方向上投影后在样本点的经验分布图。可以看出，它们具有很高的一致性，这说明上述直方图变量的线性组合计算近似方法是有效的。

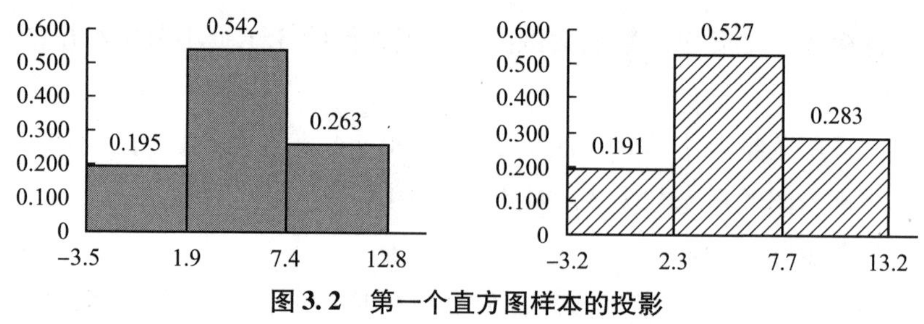

图 3.2　第一个直方图样本的投影

3.2　基于特征函数的分布型符号数据变量的线性组合

在本节中，我们将介绍随机变量的线性运算和数字特征，然后，阐述经过线性运算后，随机变量如何运用特征函数这一工具来求解其分布密度函数。

3.2.1　特征函数的概念和性质

在概率论中，对于相互独立的一维连续型随机变量的和的分布的求解，已经有了很成熟的研究。除了对于有限的可加分布，如正态分布、伽马分布、卡方分布，可以直接得到它的分布形式。分布具有可加性（the additive property）是指，同一类分布的独立随机变量和的分布仍属于此类分布。例如，若 $X \sim N(\mu_1, \sigma_1^2)$，$Y \sim N(\mu_2, \sigma_2^2)$，且 X 和 Y 独立，则 $Z = X + Y \sim N(\mu_1 + \mu_2, \sigma_1^2 + \sigma_2^2)$。但是，多数的分布都是不可加的，特别是不同的分布之间是绝对不具有可加性的。其和的分布形式，只能采用数学中的连续场合的卷积公式来求解（Bisgaard & Sasvári, 2000）。具体定义如下，对于两个连续的独立随机变量 X 和 Y 之和的密度函数，即 $Z = X + Y$ 具有由式（3.7）给出的密度函数 $f_Z(x)$：

$$f_Z(x) = (f_X f_Y)(x) = \int_{-\infty}^{\infty} f_X(t) f_Y(x - t) dt \tag{3.7}$$

称 $f_X f_Y$ 为 f_X 和 f_Y 的卷积，并且卷积是服从交换律和结合律。

从卷积的表达式（3.7）可以看出，对于卷积的求解往往并不容易，即使两个相互独立的随机变量之和，求它们的分布函数也不是很简单。然而，在实际应用中，我们往往需要求解多个随机变量的线性组合，如果直接求解随机变量密度函数的卷积，不仅表达式相当复杂，数值计算上也十分困难。

为了解决这个问题，需要借助“特征函数”这个工具。众所周知，傅里叶变换是数学中非常重要而有效的工具，将它应用于分布函数或者密度函数，就产生了特征函数。运用特征函数工具，将卷积运算转化为乘积运算，可以简化相互独立随机变量的线性组合的求解运算。并且，随机变量的特征函数与各阶矩之间有密切的关系，求矩的方法就是通过对特征函数求导数得到的。此外，分布函数与特征函数具有一一对应的关系，设 X 为实随机变量，X 的特征函数（characteristic function）$\varphi_X(t)$ 可以表示为：

$$\varphi_X(t) = E(e^{itX}) = \int_{-\infty}^{\infty} e^{itx} dF_X(x) \tag{3.8}$$

在式（3.8）中，i 是虚数单位，t 是任意实数。对于一个给定的分布函数 $F_X(x)$，根据上述定义可以唯一决定一个对应的特征函数 $\varphi_X(t)$，并且对连续型分布而言，式（3.8）的逆运算是成立的，即分布函数也可以唯一地被其特征函数表达出来。这样一来就建立了分布函数与特征函数之间一一对应的关系了，即若函数 $\varphi_X(t)$ 在 R 上绝对可积，则存在连续型随机变量 X，其密度函数为 $f_X(x)$，可以表达为式（3.9）。

$$f_X(x) = \frac{1}{2\pi}\int_{-\infty}^{\infty} e^{-itx} \varphi_X(t) dt \tag{3.9}$$

对于连续型随机变量 X，其数字特征 $\varphi_X(t)$ 是其密度函数 $f_X(x)$ 的傅里叶变换，而式（3.9）则表示 $f_X(x)$ 为 $\varphi_X(t)$ 的傅里叶反变换。此外，由于傅里叶变换的数值计算理论是十分成熟的，因此，特征函数的公式和逆转公式的数值计算是十分简便的，便于应用。

3.2.2 分布型符号数据变量的线性组合计算

定义 3.2 对于给定的 p 个分布型符号数据变量 X_1，X_2，…，X_p，以及一组实数 $a_v(v=1, 2, \cdots, p)$，分布变量 X_1，X_2，…，X_p 的线性组合仍为一个分布变量，设有 n 个符号对象，则：

$$Y = (Y_1, Y_2, \cdots, Y_n)' = \sum_{v=1}^{p} a_v X_v \tag{3.10}$$

在式（3.10）中，每一个 $Y_u = \sum_{v=1}^{p} a_v X_{uv}(u = 1, 2, \cdots, n)$，显然，$Y_u$ 也是一个随机变量。因此，根据定义 2.1，Y 是一个分布变量。由于 X_{u1}，X_{u2}，…，X_{up}是相互独立的，因此，Y_u 的特征函数 $\varphi_{Y_u}(t)$ 可以表示为 X_{u1}，X_{u2}，…，X_{up} 的特征函数的乘积，即：

$$\varphi_{Y_u}(t) = \prod_{v=1}^{p} \varphi_{X_{uv}}(a_v t) = \prod_{v=1}^{p} \int_{-\infty}^{\infty} e^{i(a_v t)x} dF_{X_{uv}}(x) \tag{3.11}$$

根据逆转公式，我们可以得到 Y_u 的概率密度函数 $f_{Y_u}(x)$ 的解析式，即：

$$f_{Y_u}(x) = \frac{1}{2\pi}\int_{-\infty}^{\infty} e^{-itx} \varphi_{Y_u}(t) dt \tag{3.12}$$

事实上，式（3.10）Y_u 的概率密度函数 $f_{Y_u}(x)$ 还可以通过计算 X_{u1}，X_{u2}，…，X_{up}的概率密度函数的卷积来求解，但是这种解法的解析式是很难得到的，或者也可以说是根本无法直接用显式表达出来的。然而如果通过式（3.11）和式（3.12），就能实现 Y_u 的概率密度函数 $f_{Y_u}(x)$ 的计算。

由于这个线性组合的表达更为精确，在下面的研究中，我们将采用其对所提取的特征进行投影。

目前，在分布型符号数据的线性组合运算问题上主要有三种方法：第一种是区间莫尔代数运算方法，也就是我们在 3.1.1 节中介绍的方法；第二种是多边形投影；第三种是采用分位数函数的线性组合方法（Verde & Irpino，2010）。

前两种方法存在的问题是投影精度不高，只能进行模糊运算，不仅包含大量不属于真实投影样本的区域，而且无法得到其投影后区域的具体分布形式。我们可以通过一个小例子来讨论莫尔代数投影的误差大小。给定两个二维区间数据：

e_1 = ([1, 3] [1, 2]); e_2 = ([1, 2.5] [1, 2.5])，二维区间数据表达为平面上的矩形，如图 3.3 所示。取系数为 α = [1, 1]，采用莫尔代数对两个区间的数据样本进行投影，得到图 3.4。可以看到，这两个区间样本在莫尔代数下的投影是一致的，均为 [2, 5]，但实际上它们只是投影的边界相同，在区间内部服从不同的分布形态，其各自精确的分布形态，如图 3.5 所示。

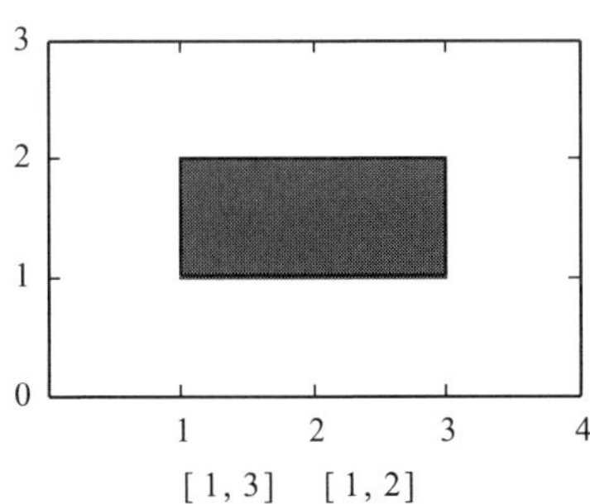

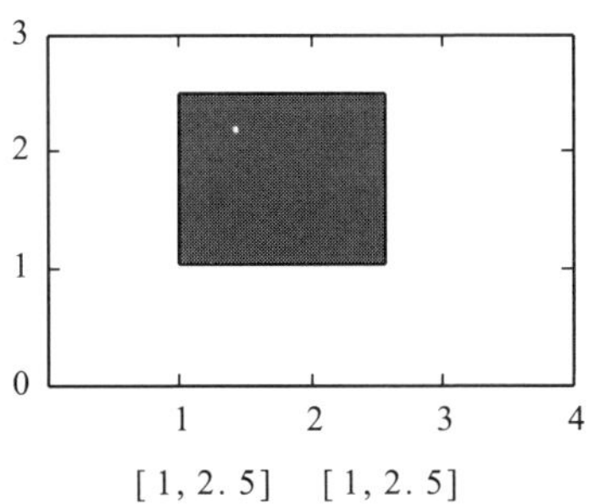

图 3.3　二维区间数据的样本

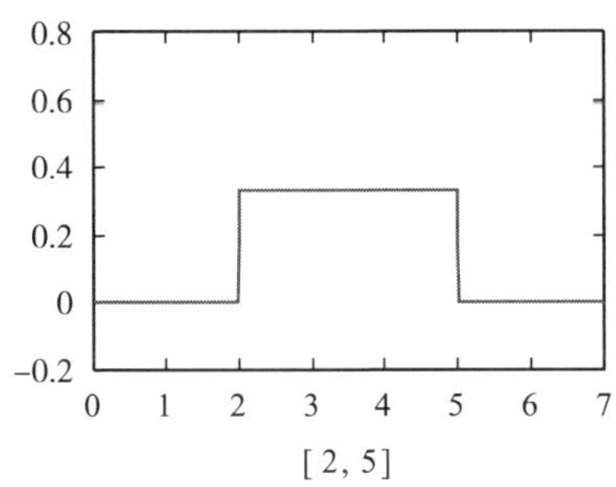

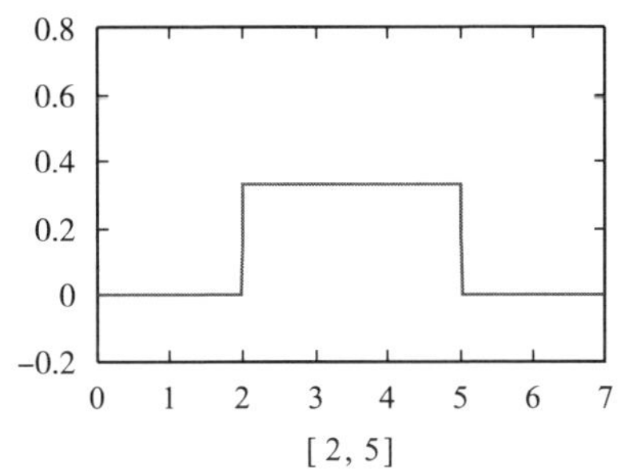

图 3.4　二维区间数据在 α = [1, 1] 下莫尔代数的投影

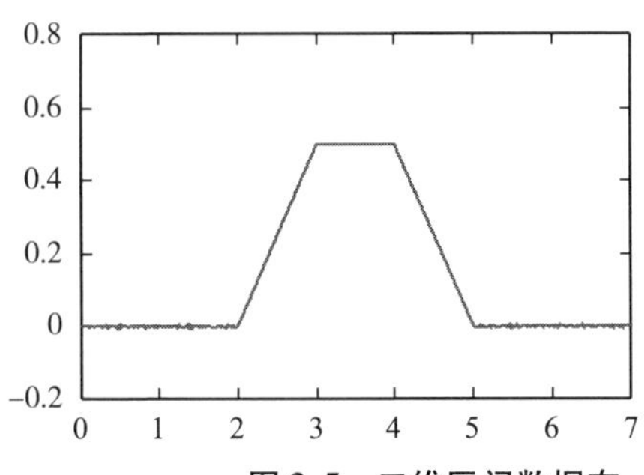

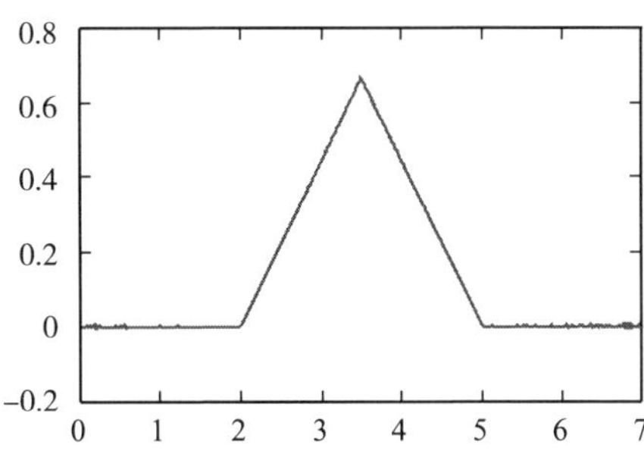

图 3.5　二维区间数据在 α = [1, 1] 下莫尔代数的投影

在第 4 章的第一案例研究中，我们还会进一步给出莫尔代数与基于特征函数的线性组合运算投影精度的对比分析。第三种方法的主要问题是，分位函数的线性组合运算是不封闭的，也就是说，分位函数的线性组合可能不再是分位函数。

线性组合运算是主成分分析、回归分析等多元统计分析技术的基本元素，分布型符号数据线性组合运算的提出，为发展分布型符号数据的多元统计分析技术奠定了重要的理论基础。本节提出的基于特征函数的分布型符号变量的线性组合算法假设分布型符号数据的单元是一个随机变量，不要求数据表中的每个数据单元都服从同一种分布形式，因此，符号数据的分析对象可以是混合分布的数据表。

3.3 本章小结

本章介绍了两种分布型符号数据的线性组合计算方法。可以用于直方图数据的近似计算，也能获得较高的精度，计算过程相比采用特征函数计算更为直观。而对于一般的连续型随机变量的和分布需要采用卷积公式来计算，则采用特征函数这一工具，大大简化了运算。它将随机变量密度函数的卷积运算转化为乘积运算，从而简化了相互独立的连续型随机变量的线性运算问题。基于运用随机变量的特征函数的定义和逆变换，解决了多个分布型符号数据变量的线性组合计算问题。第 2 章、第 3 章关于分布型符号数据的定义和定理，将作为后续章节的理论基础。

第 4 章

分布型符号数据的主成分分析方法

4.1 概　　述

多元统计分析处理的是多变量的问题，但是如果分析的变量过多，就会增加分析问题的复杂性。在实际中，我们所选取的变量之间通常存在一定的相关性，其中存在着很多信息的重叠。而主成分分析是一种有效的数据降维方法，其数学基础是 K－L（karhunen-loeve）变换，工作对象是一张“样本点 × 定量变量”类型的数据表。经过主成分分析，可以在原始数据的基础上得到一组正交的新变量。

对于给定的由 p 个变量构成的数据表 $X=(X_1, X_2, \cdots, X_p)$，假设 X 的均值为 μ，协方差矩阵为 $\sum$，则第 k 个主成分 $Y_k(k=1, 2, \cdots, p)$ 是原始变量 X_1，X_2，…，X_p 的线性组合，即 $Y_k = \sum_{j=1}^{p} u_{kj}X_j$，满足约束条件 $\|u_k\|=1$，且 $u_k'u_l = 0(l=1, 2, \cdots, p, l\neq k)$。数据系统所携带的信息含量，通常是由变量的方差来表示的。因此，为了在信息损失最小的条件下实现数据降维，在所有可能 X_1，X_2，…，X_p 的线性组合中，第一主成分是方差最大者，第二主成分是方差第二大者并且与第一主成分不相关。以此类推，求解第 p 个主成分，它与 p－1 个主成分都不相关，并且是余下所有 X_1，X_2，…，X_p 可能线性组合中方差最大者。最终可以求得，主成分的系数向量 u_1，u_2，…，u_p 是与特征值 $\lambda_1 \geq \lambda_2 \geq \cdots \geq \lambda_p$ 相对应的协方差矩阵 $\sum$ 的特征向量。如何将针对传统单值型数据表的主成分分析

方法推广到针对符号数据表的分析中，是符号数据研究领域的诸多学者所关注的问题。

从上面的论述中可以看出，主成分分析的本质是通过一组变量的几个线性组合来解释这组变量的方差—协方差结构。不同类型的主成分分析方法的区别主要在以下两个方面：一方面，如何定义变量集合的 X_1，X_2，…，X_p 线性组合算法；另一方面，如何构造 X_1，X_2，…，X_p 的协方差矩阵。从几何上来看，协方差矩阵的特征分解决定了主轴的方向，而线性组合的算法决定了样本投影的方式。在本书的第 2 章中，我们就详细地介绍了分布型符号数据的协方差矩阵以及线性组合算法的求解。本章我们将以此为基础来推导分布型符号数据主成分分析方法，并采用仿真案例验证方法的有效性。同时，将分布型符号数据主成分分析方法应用在两个实际案例的研究中。

4.2 分布型符号数据的主成分分析方法

4.2.1 分布型符号数据主成分分析方法的理论推导和建模步骤

分布型符号数据主成分分析方法的研究对象，包含了 n 个观测样本的分布型符号数据表 $X_{n\times p}$，每个观测样本均有 p 个分布变量 X_1，X_2，…，X_p 的描述，即：

$$X_{n\times p}=(X_1,\ X_2,\ \cdots,\ X_p)=\begin{pmatrix} X_{11} & \cdots & X_{1p} \\ \vdots & & \vdots \\ X_{n1} & \cdots & X_{np} \end{pmatrix}_{n\times p} \tag{4.1}$$

在式（4.1）中，每个 $X_{uv}\sim f_{X_{uv}}(x)$。

下面，我们开始推导分布型符号数据主成分分析方法。为了简化表达，先假设下述所有分布型符号数据样本矩阵已经过中心化处理。定义分布型符号数据样本矩阵的第 k 个主成分 $Y_k(k=1,\ 2,\ \cdots,\ m)$ 为 $X_{n\times p}$的线性组合，即：

$$Y_k=Xu_k=\sum_{v=1}^{p}u_{vk}X_v,\ u_{vk}\in R(v=1,\ 2,\ \cdots,\ p) \tag{4.2}$$

并满足约束条件 $\|u_k\|^2=1$，且 $u_k'u_l=0(l=1,\ 2,\ \cdots,\ m,\ l\neq k)$。同时，$u_k$，$k=1$，…，m，应使得前 m 个主成分 Y_1，Y_2，…，Y_m 的总方差达到最大，即尽可能多地包含原始变量 X_1，X_2，…，X_p 所携带的变异信息。

请注意 $Y_{uk} = O'_u u_k = \sum_{v=1}^{p} u_{kv} X_{uv}$，其中，$O'_u = (X_{u1}, X_{u2}, \cdots, X_{up})$ 是第 u 个分布样本。显然，Y_{uk} 也是一个随机变量，并且，Y_{uk} 的各阶原点矩可以通过 Y_{uk} 的特征函数求导得到。例如，Y_{uk} 的二阶原点矩表达为式（4.3）的等式关系：

$$E(Y_{uk}^2) = i^{-2}\varphi''_{Y_{uk}}(0) = i^{-2}\left[\frac{d^2}{dt^2}\varphi_{Y_{uk}}(t)\right]_{t=0} \tag{4.3}$$

在式（4.3）中，i 是虚数单位并且满足 $i^2 = -1$。根据第三章 3.2.2 节中式（3.11）可以得到：

$$\varphi_{Y_{uk}}(t) = \prod_{v=1}^{p} \varphi_{X_{uv}}(u_{kv}t) \tag{4.4}$$

在式（4.4）中，$\varphi_{X_{uv}}(u_{kv}t)$ 是 $u_{kv}X_{uv}$ 的特征函数。因此，可以得到：

$$\begin{aligned}
\frac{d^2}{dt^2}\varphi_{Y_{uk}}(t) &= \frac{d^2}{dt^2}\left[\prod_{v=1}^{p}\varphi_{X_{uv}}(u_{kv}t)\right] \\
&= \frac{d}{dt}\left[u_{k1}\varphi'_{X_{u1}}(u_{k1}t)\left(\prod_{v=2}^{p}\varphi_{X_{uv}}(u_{kv}t)\right) + \cdots + u_{pk}\left(\prod_{v=1}^{p-1}\varphi_{X_{uv}}(u_{kv}t)\right)\varphi'_{X_{up}}(u_{kp}t)\right] \\
&= \frac{d}{dt}\left[(u_{k1}, \cdots, u_{kp})\begin{pmatrix} \varphi'_{X_{u1}}(u_{k1}t)\left(\prod_{v=2}^{p}\varphi_{X_{uv}}(u_{kv}t)\right) \\ \vdots \\ \left(\prod_{v=1}^{p-1}\varphi_{X_{uv}}(u_{kv}t)\right)\varphi'_{X_{up}}(u_{kp}t) \end{pmatrix}\right] \\
&= u_k^T \begin{pmatrix} \varphi''_{X_{u1}}(u_{k1}t)\left[\prod_{v=2}^{p}\varphi_{X_{uv}}(u_{kv}t)\right] & \cdots & \varphi'_{X_{u1}}(u_{k1}t)\left[\prod_{v=2}^{p-1}\varphi_{X_{uv}}(u_{kv}t)\right]\varphi'_{X_{up}}(u_{kp}t) \\ \vdots & \ddots & \vdots \\ \varphi'_{X_{u1}}(u_{k1}t)\left[\prod_{v=2}^{p-1}\varphi_{X_{uv}}(u_{kv}t)\right]\varphi'_{X_{up}}(u_{kp}t) & \cdots & \left[\prod_{v=1}^{p-1}\varphi_{X_{uv}}(u_{kv}t)\right]\varphi''_{X_{up}}(u_{kp}t) \end{pmatrix} u_k
\end{aligned} \tag{4.5}$$

在式（4.5）中，$u_k = (u_{k1}, u_{k2}, \cdots, u_{kp})^T$。对于所有的 $u = 1, 2, \cdots, n$，$v = 1, \cdots, p$，$k = 1, \cdots, m$，当 $t = 0$ 时，下列等式成立：

$$\varphi_{X_{uv}}(u_{kv}t)\big|_{t=0} = \varphi_{X_{uv}}(0) = 1 \tag{4.6}$$

$$\varphi'_{X_{uv}}(u_{kv}t)\big|_{t=0} = \varphi'_{X_{uv}}(0) = i \cdot E(X_{uv}) \tag{4.7}$$

$$\varphi''_{X_{uv}}(u_{kv}t)\big|_{t=0} = \varphi''_{X_{uv}}(0) = i^2 \cdot E(X_{uv}^2) \tag{4.8}$$

将式（4.6）~式（4.8）代入式（4.5）中，可得：

$$E(Y_{uk}^2) = i^{-2}\left[\frac{d^2}{dt^2}\varphi_{Y_{uk}}(t)\right]_{t=0} = u'_k \begin{pmatrix} E(X_{u1}^2) & \cdots & E(X_{u1})E(X_{up}) \\ \vdots & \ddots & \vdots \\ E(X_{u1})E(X_{up}) & \cdots & E(X_{up}^2) \end{pmatrix} u_k \tag{4.9}$$

根据2.2.1小节中的定义和式（4.9），第k个主成分分布 Y_k 的方差通过式（4.10）计算：

$$\begin{aligned}
D_S(Y_k) &= E_S(Y_k^2) \\
&= \frac{1}{n}\sum_{u=1}^{n} E(Y_{uk}^2) \\
&= \frac{1}{n}\sum_{u=1}^{n}\left[u_k'\begin{pmatrix} E(X_{u1}^2) & \cdots & E(X_{u1})E(X_{up}) \\ \vdots & \ddots & \vdots \\ E(X_{u1})E(X_{up}) & \cdots & E(X_{up}^2) \end{pmatrix}u_k\right] \\
&= u_k'\begin{pmatrix} E_S(X_1^2) & E_S(X_1X_2) & \cdots & E_S(X_1X_p) \\ E_S(X_2X_1) & E_S(X_2^2) & \cdots & E_S(X_2X_p) \\ \vdots & \vdots & \ddots & \vdots \\ E_S(X_pX_1) & E_S(X_pX_2) & \cdots & E_S(X_p^2) \end{pmatrix}u_k \\
&= u_k' \sum\nolimits_S u_k
\end{aligned} \tag{4.10}$$

在式（4.10）中，$\sum_S$ 为变量 X_1，X_2，…，X_p 的方差—协方差矩阵。

值得注意的是，当分布型符号数据样本矩阵进行标准化后，$\sum_S$ 又为相关系数矩阵 R_S。此外，根据分布型符号数据变量数字特征的定义可知，矩阵 $\sum_S$ 为一个单值实数数据矩阵。因此，分布型符号数据样本矩阵的主成分分析和针对数值型数据的经典主成分分析相同。即通过依次求解以下p个优化问题（$m=1$，…，p），寻找p个相互正交的向量 u_1，u_2，…，u_p，使得 $\sum_{k=1}^{m} D_S(Y_k)$ 达到最大。

$$\max \quad \sum_{k=1}^{m} u_k' \sum\nolimits_S u_k$$

$$\text{s.t.}\begin{cases} \|u_k\| = 1 \\ u_k'u_l = 0 \\ u_1'\sum_S u_1 \geqslant u_2'\sum_S u_2 \geqslant \cdots \geqslant u_m'\sum_S u_m \\ k = 1, 2, \cdots, p, \ l \neq k \end{cases} \tag{4.11}$$

由经典的主成分分析算法可知，u_1，u_2，…，u_p 是与特征值 $\lambda_1 \geqslant \lambda_2 \geqslant \cdots \geqslant \lambda_p$ 相对应的矩阵 $\sum_S$ 的特征向量，可以计算前m个主成分的累积贡献率（cumulative contribution rate，Q_m）：

$$Q_m = \frac{\sum_{k=1}^{m} D_S(Y_k)}{\sum_{k=1}^{p} D_S(Y_k)} = \frac{\sum_{k=1}^{m} \lambda_k}{\sum_{k=1}^{p} \lambda_k} \tag{4.12}$$

在式（4.12）中，Q_m 用来衡量前 m 个主成分所携带的方差信息占全部原始方差信息的比例，可以通过 Q_m 的数值来确定需要保留的主成分的个数 m。特别地，当符号数据表 X 是标准化后的数据表，则它们的总变异和为 p，此时有：

$$Q_m = \frac{1}{p} \sum_{k=1}^{m} \lambda_k \tag{4.13}$$

因此，分布型符号数据主成分分析方法的计算步骤为：

步骤一：运用式（2.25）计算矩阵 $X_{n\times p}$的协方差矩阵 $\sum_S$（或者式（2.26）计算 $X_{n\times p}$的相关系数矩阵 R_S）。

步骤二：解方程组 $\sum_S u_k = \lambda_k u_k (1 \leqslant k \leqslant m)$（或 $R_S u_k = \lambda_k u_k$），得到特征值 $\lambda_1 \geqslant \lambda_2 \geqslant \cdots \geqslant \lambda_m$ 和相应的相互正交的特征向量 u_1，u_2，…，u_m。

步骤三：运用 3.2.2 小节所述，计算主成分 $Y_k = Xu_k$，k = 1，2，…，m 主成分向量中每一样本的密度函数。

本书中称上述方法为分布型符号数据主成分分析方法（probabilistic symbolic PCA，PSPCA）。

4.2.2 分布型符号数据主成分分析方法的基本性质

与传统的主成分分析方法类似，分布型符号数据主成分也有以下性质。假设 X_1，X_2，…，X_p 是经过中心化处理的，Y_1，Y_2，…，Y_m 是分布主成分，则：

$$E_S(Y_k) = 0,\ k = 1, 2, \cdots, m \tag{4.14}$$

$$D_S(Y_k) = \lambda_k,\ k = 1, 2, \cdots, m \tag{4.15}$$

$$\mathrm{cov}_S(Y_k, Y_l) = 0, \forall k \neq l \tag{4.16}$$

$$\sum_{v=1}^{p} D_S(X_v) = \sum_{k=1}^{p} D_S(Y_k) \tag{4.17}$$

$$\mathrm{corr}_S(Y_k, X_v) = \frac{1}{\sqrt{D_S(X_v)}} \sqrt{\lambda_k} u_{kv} \tag{4.18}$$

式（4.18）给出了第 k 个分布型符号主成分与第 v 个原始分布型符号变量之间的相关系数计算公式。特别地，如果符号数据表是标准化的，此时，$D_S(X_v) = 1$，则式（4.18）可以简化为 $corr_S(Y_k, X_v) = \sqrt{\lambda_k} u_{kv}$，即第 v 个原始分布型符号变量 X_v 与第 k 个分布型符号数据主成分 Y_k 的相关系数与第 k 个特征向量对应的第 v 个分量 u_{kv} 仅差一个常数 $\sqrt{\lambda_k}$。

同时，根据式（4.18）给出的主成分和原始变量之间的相关关系可以画出因子载荷图（loading plot），也称相关圆图。并可以根据主成分与原始变量的关系，对每个主成分的物理含义加以解释和命名。

值得注意的是，本书所提出的分布型符号数据主成分分析方法与之前文献中的方法是相容的，即当数据表为某种特殊形式的时候，分布型符号数据主成分分析方法等价于下面四种针对某种具体数据类型的方法：

（1）传统的主成分分析方法，当且仅当数据表中的每个元素是单值实数；

（2）全信息区间数据主成分分析法（CIPCA）（Wang et al.，2012），当且仅当数据表中的每一个元素都是区间；

（3）直方图数据主成分分析法（Wang et al.，2011），当且仅当数据表中的每一个元素都是直方图；

（4）正态分布数据主成分分析法（Wang et al.，2016），当且仅当数据表中的每一个元素都是正态分布。

为了验证上述结论，我们只需验证以下两个方面。一方面是所有方法采用的协方差矩阵，因为主平面是由协方差矩阵分解后得到的特征向量决定的。根据式（2.4）~式（2.7），采用 2.2.1 小节中各阶矩的定义，可以得到表 4.1。可以看到，表 4.1 中的所有矩的取值与已有文献中的方法是一致的。这就意味着，基于这些矩所得到的协方差矩阵是一致的。另一方面是样本的投影问题。当数据表中的每个元素是实数或者是正态分布数据时，分布型符号数据主成分分析法的投影结果与传统主成分分析法或者正态分布型符号数据主成分的投影结果是一致的。而当数据表是区间数据表或者直方图数据表时，已有方法的投影都是基于莫尔代数的近似投影，而本书所提方法的投影是精确投影。

表 4.1　不同类型分布型符号数据的矩

矩	实数向量	区间向量
$E_S(X_v)$	$\frac{1}{n}\sum_{u=1}^{n} x_{uv}$	$\frac{1}{2n}\sum_{u=1}^{n}(\underline{x}_{uv} + \bar{x}_{uv})$
$E_S(X_v^2)$	$\frac{1}{n}\sum_{u=1}^{n} x_{uv}^2$	$\frac{1}{2n}\sum_{u=1}^{n}(\underline{x}_{uv}^2 + \underline{x}_{uv}\bar{x}_{uv} + \bar{x}_{uv}^2)$

续表

矩	实数向量	区间向量
$E_S(X_v \cdot X_w)$	$\frac{1}{n}\sum_{u=1}^{n} x_{uv}x_{uw}$	$\frac{1}{4n}\sum_{u=1}^{n}(\underline{x}_{uv}+\bar{x}_{uv})(\underline{x}_{uw}+\bar{x}_{uw})$
矩	正态分布向量	直方图向量
$E_S(X_v)$	$\frac{1}{n}\sum_{u=1}^{n}\mu_{uv}$	$\frac{1}{2n}\sum_{u=1}^{n}\sum_{m=1}^{M}p_{uv}^{m}(x_{uv}^{m-1}+x_{uv}^{m})$
$E_S(X_v^2)$	$\frac{1}{n}\sum_{u=1}^{n}(\sigma_{uv}^2+\mu_{uv}^2)$	$\frac{1}{3n}\sum_{u=1}^{n}\sum_{m=1}^{M}p_{uv}^{m}[(x_{uv}^{m-1})^2+x_{uv}^{m-1}x_{uv}^{m}+(x_{uv}^{m})^2]$
$E_S(X_v \cdot X_w)$	$\frac{1}{n}\sum_{u=1}^{n}\mu_{uv}\mu_{uw}$	$\frac{1}{4n}\sum_{u=1}^{n}\left[\sum_{m=1}^{M}p_{uv}^{m}(x_{uv}^{m-1}+x_{uv}^{m})\right]\left[\sum_{m=1}^{M}p_{uw}^{m}(x_{uw}^{m-1}+x_{uw}^{m})\right]$

4.3 仿真数据研究

本节我们将通过一个仿真实验，来验证本书所提出方法的有效性和合理性。实验思路是，先运用本书所提出的 PSPCA 方法分析给定的混合型分布型符号数据矩阵，再利用随机数发生器生成与该分布型符号数据矩阵相对应的单值型数据矩阵。即对分布型符号数据矩阵的每个元素，抽取 M 个服从该分布的随机数，从而得到与该分布型符号数据样本矩阵 $X_{n\times p}$对应的（$n\times M$）$\times p$ 维的单值型数据矩阵，并利用经典的主成分分析方法对单值型数据矩阵进行分析。如果随着抽取的随机数个数的逐渐增加，两种方法的计算结果越来越接近，则说明本书提出的方法是合理的。

4.3.1 仿真数据的生成和步骤

我们需要生成一个所有单元都是随机变量的分布型符号数据表。不失一般性，我们构造一个 5×3 的分布型符号数据表 $X_{5\times3}$，如式（4.19）所示。$X_{5\times3}$包含了不同类型的分布型符号数据单元，如指数分布（exp）、正态分布（N）、对数正态分布（logN）、伽马分布（Γ）、贝塔分布（beta）、威布尔分布（wbl）、F 分布（F）、均匀分布（U）等。图 4.1 为分布样本矩阵的密度函数。

$$X_{5\times3} = \begin{pmatrix} \text{beta}(2,\ 2) & U(0,\ 1) & F(50,\ 50) \\ \exp(0.5) & \text{wbl}(0.5,\ 1) & \Gamma(1.5,\ 0.5) \\ F(50,\ 10) & \Gamma(15,\ 0.1) & N(2,\ 0.4^2) \\ N(2,\ 0.3^2) & \text{logN}(1,\ 0.2) & \Gamma(15,\ 0.2) \\ \text{wbl}(5,\ 6) & N(5,\ 0.6^2) & U(5,\ 6) \end{pmatrix} \tag{4.19}$$

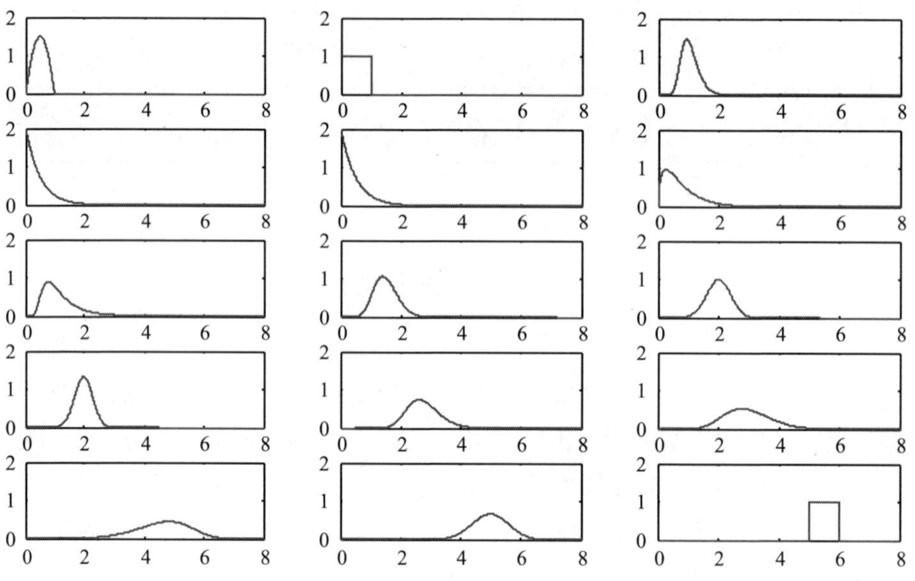

图 4.1 仿真数据矩阵的密度函数

采用针对分布型符号数据的 PSPCA 对上述分布样本矩阵 $X_{5\times3}$ 进行主成分分析，可以得到协方差矩阵的所有特征值 λ_v 和特征向量 u_v（$v=1, 2, 3$），以及各个分布样本在第一主平面上投影得到的第一主成分。如前所述，这里的第一主成分还是一个分布型符号数据，可以计算其概率密度函数 $f_{1u}(x)$ 和累积分布函数 $F_{1u}(x)$（$u=1, 2, \cdots, 5$）。

下面，我们将基于上述分布样本矩阵 $X_{5\times3}$，从每个样本抽取 M 个服从该分布的随机数，这样就产生了一个用来近似 $X_{5\times3}$ 的有 $5\times M$ 个样本点的普通数据表。应用传统的主成分分析方法建模，进而对比两种计算方法得到的样本协方差矩阵的特征值、特征向量（主成分系数）的相似性，衡量指标分别为特征值的相对误差和特征向量的夹角余弦，以及第一主成分样本投影分布的相似性。

为了避免随机因素带来的偏差，实验将重复进行 H 次，在第 h（$h=1, 2, \cdots,$

H）次试验中，进行如下三个实验步骤：

（1）从分布样本的每个单元抽取 M 个服从该分布的随机数，构成单值数据矩阵 $K_{(5\times M)\times 3}(h)$。

（2）运用传统主成分分析方法对 $K_{(5\times M)\times 3}(h)$ 进行建模，可以得到所有的特征值 $\lambda_v^M(h)$ 和特征向量 $u_v^M(h)(v=1, 2, 3)$，以及样本在第一主平面上投影得到的第一主成分，可以得到 5 个样本点群构成的经验分布函数 $F_{1u}^M(x, h)(u=1, 2, \cdots, 5)$。

（3）计算下面三个指标：

①λ_v 和 $\lambda_v^M(h)$ 相对误差（RE）：

$$RE_v^M(h)=\frac{|\lambda_v^M(h)-\lambda_v|}{\lambda_v},\quad v=1, \cdots, 3 \tag{4.20}$$

②u_v 和 $u_v^M(h)(v=1, 2, 3)$ 的绝对余弦值（ACV）：

$$ACV_v^M(h)=\left|\frac{u_v' u_v^M(h)}{\|u_v\|\cdot\|u_v^M(h)\|}\right|,\quad v=1, \cdots, 3 \tag{4.21}$$

余弦值可以衡量两个向量之间的夹角，因此，式（4.10）中 ACV 指标就可以测量 u_v 和 $u_v^M(h)$ 之间的相似性。显然，$ACV_v^M(h)$ 的值和 ACV 的值为正且越高，则 u_v 和 $u_v^M(h)$ 的方向就越一致。

③Kolmogorov - Smirnov 检验值 $D_u^M(h)$ 用来衡量第一主成分投影分布的相似性：

$$D_u^M(h)=\sup_{-\infty<x<\infty}|F_{1u}^M(x, h)-F_{1u}(x)|,\quad u=1, 2, \cdots, 5 \tag{4.22}$$

我们假设 H=50，M 值从 50 逐渐增大到 2000。最后，我们将计算以上 3 个指标在 50 次试验中的平均值$\overline{RE}_v^M$，$\overline{ACV}_v^M$，$\overline{D}_u^M$：

$$\overline{RE}_v^M=\frac{1}{H}\sum_{h=1}^{H}RE_v^M(h) \tag{4.23}$$

$$\overline{ACV}_v^M=\frac{1}{H}\sum_{h=1}^{H}ACV_v^M(h) \tag{4.24}$$

$$\overline{D}_u^M=\frac{1}{H}\sum_{h=1}^{H}D_u^M(h) \tag{4.25}$$

并采用这 3 个指标来衡量比较理论结果和仿真结果的相似性。

4.3.2　实验结果

图 4.2 给出了随着 M 增大时$\overline{RE}_v^M$ 的变化曲线，可以看到$\overline{RE}_v^M$ 随着 M 的增大

而减小，并逼近于0。图4.3给出了$\overline{\mathrm{ACV}_v^M}$随着M增大时的变化曲线。从图4.3中可以看到，我们的理论计算的主成分系数向量和检验用的抽样矩阵特征向量的方向非常一致，当抽样样本数超过500时，夹角余弦值的平均值都无一例外地接近1（均大于0.99）。而随着抽取的随机数个数M的增大，夹角余弦值也会增加，更加靠近1。

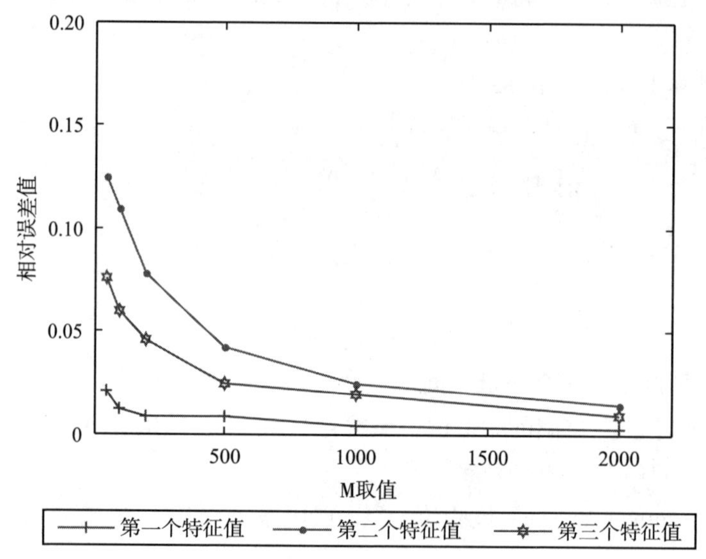

图4.2　特征值的相对误差变化

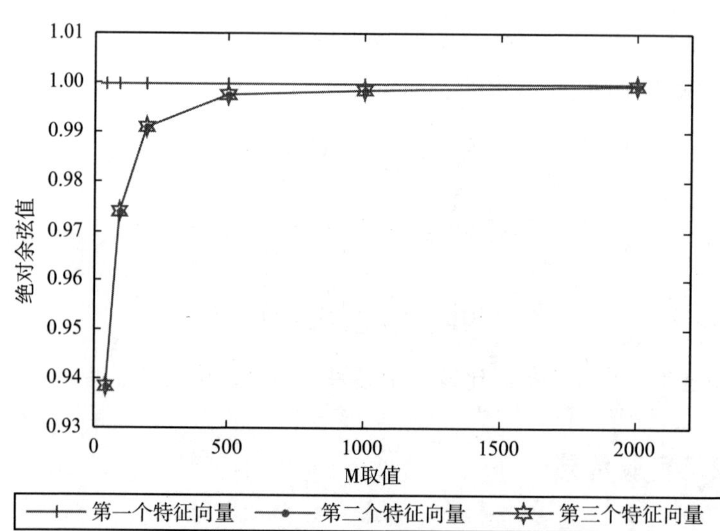

图4.3　特征向量的绝对余弦值$\overline{\mathrm{ACV}_v^M}$的变化

表 4.2 是 $\overline{D}_u^M$ 值 Kolmogorov - Smirnov 检验的结果。可以看到，随着 M 的增大而减小，所有 5 个样本的 $\overline{D}_u^M$ 值越来越小，即随着所抽取样本点数的增加，普通主成分投影得到的第一主成分的经验分布越来越接近分布型符号数据主成分得到的理论分布。表 4.2 中的最后一列表示不同自由度在 0.05 水平下 Kolmogorov - Smirnov 检验的临界值，可以看到所有 $\overline{D}_u^M$ 检验值均小于其对应的临界值，全部通过检验。即两种方法的样本投影后的分布基本上是一致的。图 4.4 显示的曲线分别为投影后样本的密度函数。图 4.5 显示，抽样的随机个数取 100 时，一次抽样实验后得到的经验累积分布与理论计算的累积分布的对比。

表 4.2　样本投影后的 $\overline{D}_u^M$ 值

M 值	样本 1	样本 2	样本 3	样本 4	样本 5	D 值
50	0.1086	0.1157	0.1125	0.1174	0.1047	0.1884
100	0.0909	0.0827	0.0835	0.0873	0.0854	0.1340
200	0.0645	0.0594	0.0666	0.0673	0.0577	0.0962
500	0.0509	0.0465	0.0394	0.0444	0.0405	0.0608
1000	0.0394	0.0359	0.0309	0.0313	0.0337	0.0430
2000	0.0302	0.0282	0.0281	0.0236	0.0238	0.0304

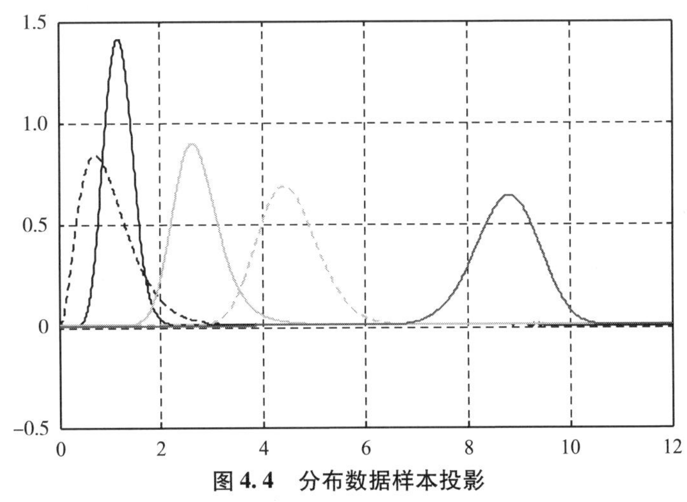

图 4.4　分布数据样本投影

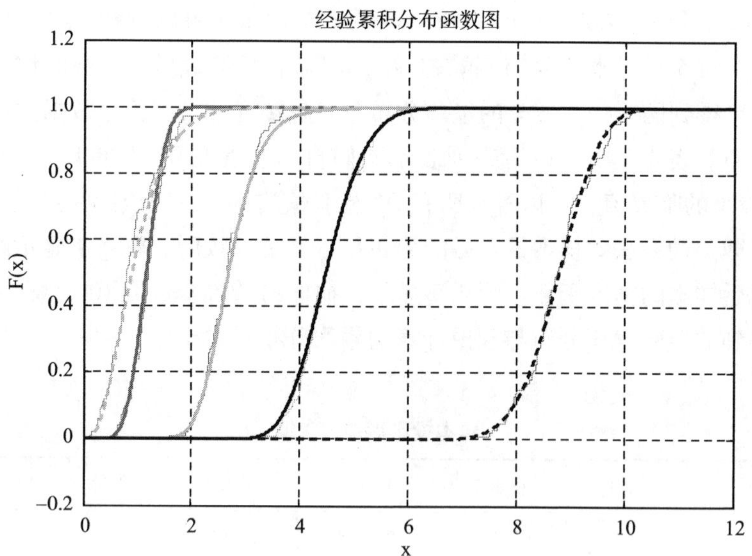

图 4.5　M = 100 时，某次抽样经验分布与理论分布函数的对比

综上所述，对于每个特征值、特征向量以及投影后的主成分分布，当抽取的随机数足够大时，针对分布型符号数据样本矩阵的主成分分析方法与针对相应的数值型矩阵的经典主成分分析方法所得到的特征值和主成分系数都非常接近。并且，相对应的样本在第一主成分上的投影也是一致的。这一实验结果充分支持了本书提出的针对分布型符号数据样本矩阵的主成分分析方法的可行性和有效性。

4.4　案例应用研究

在本节中，分布型符号数据主成分分析方法将应用在实际案例中，验证其在实际应用中能够更精确、合理地对符号样本进行分析。

4.4.1　油品脂类数据

第一个案例的主要目的是，对比 CPCA、VPCA、CIPCA 和本书 4.2.1 节中所提 PSPCA 之间的差异。采用的数据是已有文献中的一个经典的区间数据集（Ichino &

Yaguchi，1994；Bock & Diday，2000）、油品脂类数据（oils and fats data）。如表 4.3 所示，该数据集合共有 4 个变量：比重（specific gravity，GRA）、凝固点（freezing point，FRE）、碘值（iodine value，IOD）、皂化度（saponification，SAP），共有 8 个样本代表 8 种油品或者脂类，用区间来概括每一类油品或者脂类在不同指标上的取值范围。

为了便于比较不同方法，我们在表 4.3 的每个单元均抽取了 100 个随机数，从而形成一个（8×100）×4 的普通实数数据矩阵 $K_{(8\times100)\times4}$，然后采用传统的主成分分析方法来分析，得到的结果作为评估上述 4 种方法的标杆（benchmark）。与 4.3 节类似，我们将通过 PSPCA、CPCA、VPCA 和 CIPCA 这 4 种方法得到的主成分分析结果分别与经典 PCA 方法对 $K_{(8\times100)\times4}$ 的分析结果进行对比。并衡量指标为特征值的相对误差的夹角余弦和指标为特征向量的夹角余弦，以及第一主成分样本投影分布的相似性。

表 4.3　　8 类油品脂类区间数据集合

名称	GRA	FRE	IOD	SAP
亚麻籽油（linseed）	[0.930，0.935]	[−27，−18]	[170，204]	[118，196]
紫苏油（perilla）	[0.930，0.937]	[−5，−4]	[192，208]	[188，197]
棉籽油（cotton）	[0.916，0.928]	[−6，−1]	[99，113]	[189，198]
芝麻油（sesame）	[0.920，0.926]	[−6，−4]	[104，116]	[187，193]
山茶油（camellia）	[0.916，0.917]	[−21，−15]	[80，82]	[189，193]
橄榄油（olive）	[0.914，0.919]	[0，6]	[79，90]	[187，196]
牛油（beef）	[0.860，0.870]	[30，38]	[40，48]	[190，199]
猪油（hog）	[0.858，0.864]	[22，32]	[53，77]	[190，202]

需要特别指出的是，CPCA、VPCA 和 CIPCA 这 3 种方法均采用莫尔代数来进行主成分投影，得到每种样本第一主成分和第二主成分的最大值和最小值，然后，在主平面上用矩形来表示一种样本，如图 4.6 所示。而 PSPCA 可以进一步得到在该类样本中每个成分的密度分布函数（PDF），如图 4.7、图 4.8 所示。

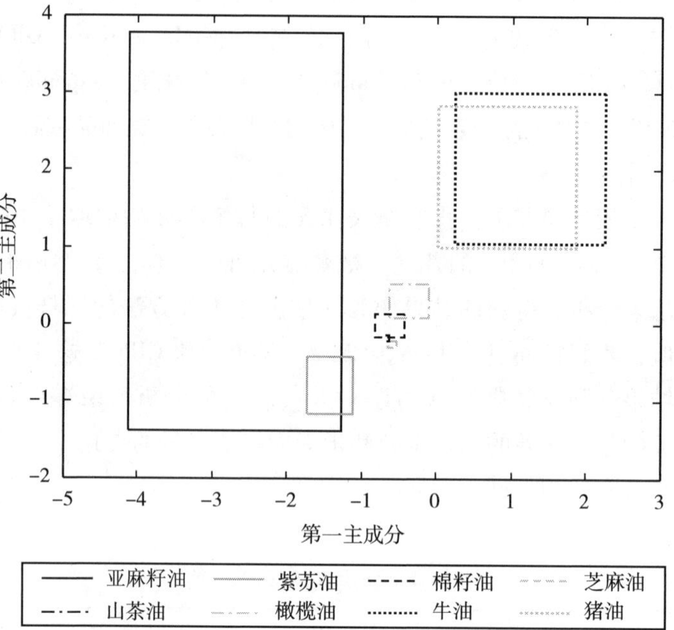

图 4.6　CIPCA 方法的投影：前两个主成分的区间投影

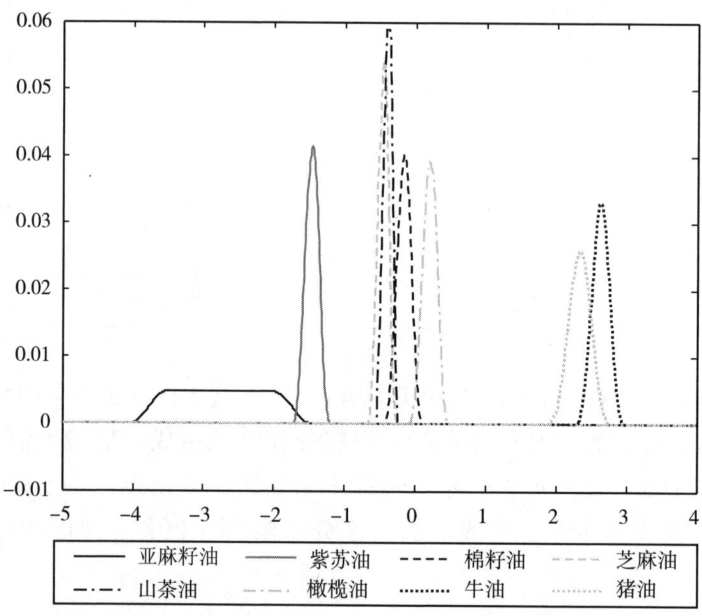

图 4.7　PSPCA 方法：第一主成分的概率密度函数

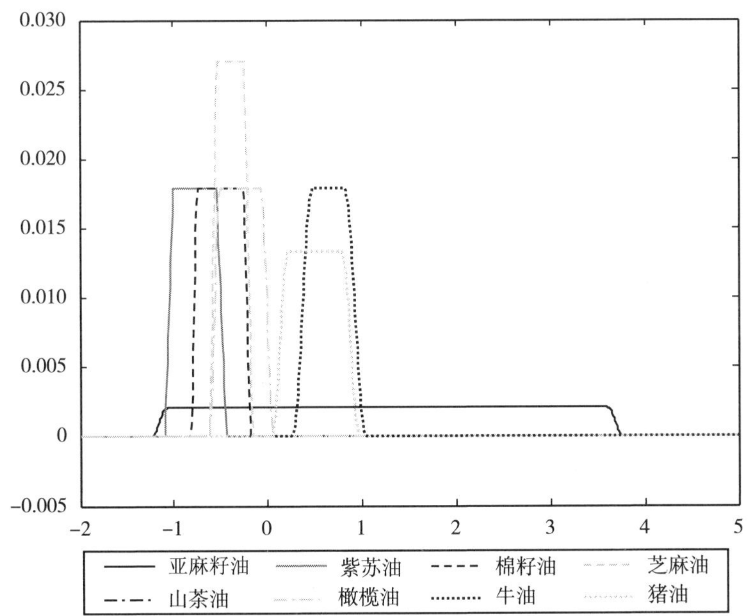

图 4.8　PSPCA 方法：第二主成分的概率密度函数

从图 4.7 中我们可以利用 PSPCA 得到的第一主成分，简单清晰地将 8 种样本分为 3 类：第一类是亚麻籽油、紫苏油；第二类是棉籽油、芝麻油、山茶油、橄榄油；第三类是牛油、猪油。对比图 4.6 和图 4.7，可以得到图 4.6 中样本紫苏油几乎是嵌入亚麻籽油中的，而在图 4.7 中却可以简单地分开。原因在于，莫尔代数投影的结果中包含了大量不属于原始数据集合的样本点，从而使得样本在主平面的范围扩大。

本节用来对比 4 种方法的指标依然是在 3.3 节中，式（3.18）~式（3.20）的相对误差（RE）、绝对余弦值（ACV）以及 Kolmogorov－Smirnov 检验值（D），四种符号数据分析方法的计算结果分别与普通主成分对抽样矩阵 $K_{(8\times100)\times4}$ 建模结果进行对比，结果如表 4.4、表 4.5、表 4.6 所示。从表 4.4 和表 4.5 中可以看出，在协方差矩阵特征值的相对误差（RE）、绝对余弦值（ACV）这两个指标上，PSPCA 和 CIPCA 的表现要明显优于 CPCA 和 VPCA。也就是说，这两种方法所提取的主轴更加准确。

表 4.4　协方差矩阵特征值的绝对误差值

方法	RE1	RE2	RE3	RE4
CPCA	0.0419	0.1280	0.0211	0.3908
VPCA	0.0543	0.1689	0.0683	0.1190
CIPCA	0.0076	0.0228	0.0140	0.0165
PSPCA	0.0076	0.0228	0.0140	0.0165

表 4.5　协方差矩阵特征向量的绝对余弦值

方法	ACV1	ACV2	ACV3	ACV4
CPCA	0.9992	0.9942	0.9959	0.998
VPCA	0.9976	0.9932	0.9974	0.998
CIPCA	1.0000	0.9998	0.9999	0.9999
PSPCA	1.0000	0.9998	0.9999	0.9999

表4.6反映的是不同主成分分析方法的投影效果。由于自由度为100，在0.05水平下 Kolmogorov - Smirnov 检验的临界值为0.134。这样一来，用 CPCA、VPCA 和 CIPCA 这3种方法，大部分的样本投影分布均无法通过检验，而用 PSPCA 方法，8个样本投影全部通过检验，说明 PSPCA 的投影与普通 PCA 的结果更加一致。这个案例更加说明，PSPCA 比 CPCA、VPCA 和 CIPCA 更加有效。

表 4.6　第一主成分投影分布的 KS 检验值

方法	D1	D2	D3	D4	D5	D6	D7	D8
CPCA	0.170	0.260	0.290	0.310	0.220	0.260	0.300	0.260
VPCA	0.120	0.280	0.240	0.230	0.230	0.210	0.290	0.240
CIPCA	0.130	0.200	0.240	0.260	0.160	0.240	0.250	0.230
PSPCA	0.053	0.095	0.100	0.097	0.126	0.091	0.094	0.068

4.4.2　JCR 期刊数据

以2007年 JCR 网络数据库《科学引文索引》（science citation index，SCI）收录的期刊为研究对象，本节利用本书提出的分布型符号数据主成分分析方法进行案例研究。在学术期刊评价问题中，一方面，不同学科的期刊在各个文献计量指标上具有显著差异；另一方面，学术期刊数量繁多、评价指标各异，因而难以从宏观上对某个学科的整体水平做出科学的评价判断。

在本节中，根据国家自然科学基金委员会重点学术期刊专项基金的学科划分为标准，将 JCR 网络数据库（2007）提供的 6337 种 SCI 期刊划分为地球科学类期刊、综合科学类期刊、信息科学类期刊、数学物理科学类期刊、生命科学类期刊、化学科学类期刊、管理科学类期刊以及工程材料科学类期刊 8 类，选取了影响因子（impact factor，X_2）、总被引频次（total cites，X_1）、载文量（articles，X_4）、五年影响因子（5 - year impact factor，X_3）、文章影响力（article influenceTM score，X_5）5 个指标分析各个学科的期刊发展水平。

在这些期刊中，生命科学类期刊约占一半，达53.2%；之后是工程材料科学类期刊和数学物理科学类期刊，分别占比 16.1% 和占比 12.4%；占比最少的是管理科学类期刊和综合类期刊，都不足 1%，如图 4.9 所示。

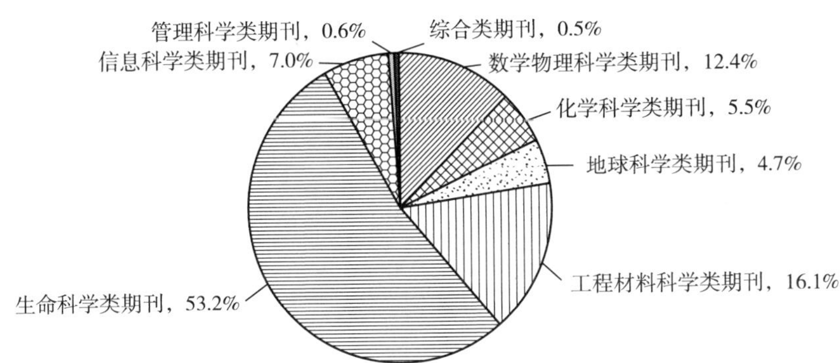

图 4.9　2007 年 JCR 数据库中 SCI 期刊学科分布

在现实中，大多数的分布都无法获得它准确的分布（分布函数或者密度函数），这时人们经常用经验分布（直方图）来近似处理。通过计算各个学科在每一个指标上取值的经验分布函数，这里用形态数为 5 的直方图来表示，得到一个维度为 8×5 的直方图数据表（见附录 A）。

由于 $X_1 \sim X_5$ 的量纲不尽相同，因而先对上述的直方图数据进行标准化处理。然后采用所提出的主成分分析方法分析后，得到主成分的方差和累积贡献率，如表4.7 所示。结果显示，第一主成分和第二主成分分别可以解释 35.83% 和 17.42% 的方差信息。前两个主成分的累积贡献率达到 53.24%。

表 4.7　JCR 期刊的主成分分析结果

主成分	特征值	贡献率（%）	累计贡献率（%）
1	1.791	35.83	35.83
2	0.871	17.42	53.24
3	0.803	16.06	69.30
4	0.796	15.92	85.22
5	0.739	14.78	100.00

根据协方差矩阵计算出来的前两个特征值所对应的特征向量，可以得到前两个主成分：

$$Y_1 = 0.402X_1 + 0.573X_2 + 0.491X_3 - 0.023X_4 + 0.518X_5 \tag{4.26}$$

$$Y_2 = 0.198X_1 - 0.093X_2 + 0.020X_3 + 0.975X_4 - 0.027X_5 \tag{4.27}$$

图 4.10 为相对应的主平面的因子载荷，它主要反映了前两个主成分与 5 个原始变量的相关性。从图 4.10 可知，第一主成分与影响因子、文章影响力、五年影响因子等指标呈强正相关，与总被引频次中度相关，而第二主成分与发文量呈强正相关，与总被引频次弱相关。第一主成分与影响因子、文章影响力、五年影响因子呈强正相关。这说明第一主成分主要用来反映期刊被引用的情况，以影响因子这一指标为代表，体现其学术影响力。第二主成分与发文量正相关，说明第二主成分反映期刊的载文量，体现期刊所承载的信息含量。

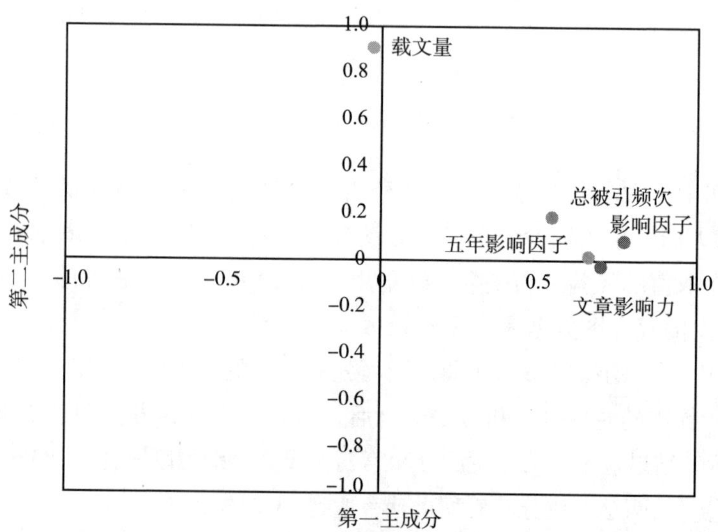

图 4.10　JCR 期刊主平面载荷

根据主成分分析结果，将 8 个符号样本投影在第一主成分、第二主成分上，并以此观察各学科期刊的特征。图 4.11 和图 4.12 分别是第一主成分、第二主成分的样本投影图。从两幅图都可以看到，在这两个维度上，各学科的指标分布差异是非常明显的。

从图 4.11 可以看出，8 类期刊在第一主成分得分分布中，最高峰值从高到低是生命科学类期刊、数学物理科学类期刊、综合科学类期刊、化学科学类期刊、工程材料科学类期刊、地球科学类期刊、信息科学类期刊，最后是管理科学类期刊。对比图 4.9，生命科学类期刊在统计源中所占的比例最大，因此相互之间的引用量高于其他学科，同时，可以看到，其离散程度也很大，说明该领域期刊引用水平差异较大。而事实上，每个学科都有影响因子取值小的期刊，因此，相互之间引用量越高的学科，在这个指标上离散程度也比较高。紧随其后的是数学物理科学类期刊，数学物理科学类期刊占比为 12.4%，是数量排第三的学科，这些学科的第一主成分得分都比较高。

紧随其后的是综合科学类期刊，比较特别的是综合科学类期刊有两个峰值。事实上，综合科学类期刊数量并不多，但是有特别好的期刊，如自然（*Nature*）、科学（*Science*）等，因此，该分布中出现的第一个较小的峰值在所有的学科之前。而综合类的其他期刊，就都处在比较一般的水平。

峰值排在最后两位的信息科学类期刊和管理科学类期刊在这一主轴的分布集中在一个比较低水平的区域，即这两个学科所有期刊的相对引用率的取值普遍不太高。

图 4.12 所示的所有学科期刊在第二主成分上的概率密度函数。由图 4.10 主平面的载荷可知，第二主成分表示期刊载文量的大小，由于这个成分上只有一个指标强相关，线性组合后的密度函数也没有第一主成分那么平滑。从图 4.12 中我们可以对 8 个学科期刊的载文信息含量进行分类。第一类是期刊的载文信息含量最高的两个学科，分别是数学物理科学类期刊和化学科学类期刊；第二类是排在其次的一类，这两类期刊在这个指标上的密度分布曲线几乎相同，分别是生命科学类期刊和综合科学类期刊；第三类是地球科学类期刊和工程材料科学类期刊，两条曲线也极其相似。最后两位是信息科学类期刊和管理科学类期刊，说明这两个学科的发文规模较小。

形成上述现象的原因是多方面的。首先，不同学科有其自身的发展特点，学科发展所处的阶段、科学家研究行为的社会性，以及学科间交叉渗透的程度都是相异的。其次，所采用的统计源的学科结构也会在一定程度上造成如上分析结果。

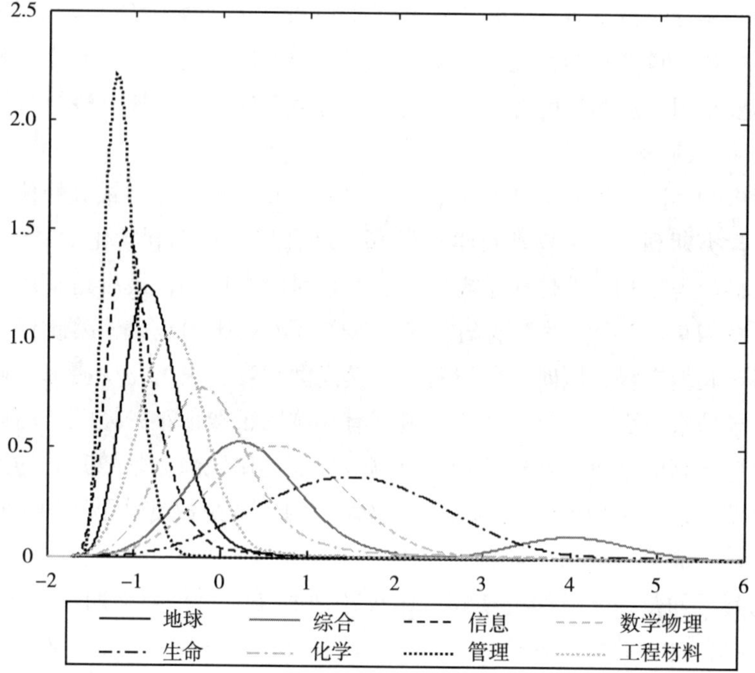

图 4.11 JCR 期刊的第一主成分样本投影的概率密度函数

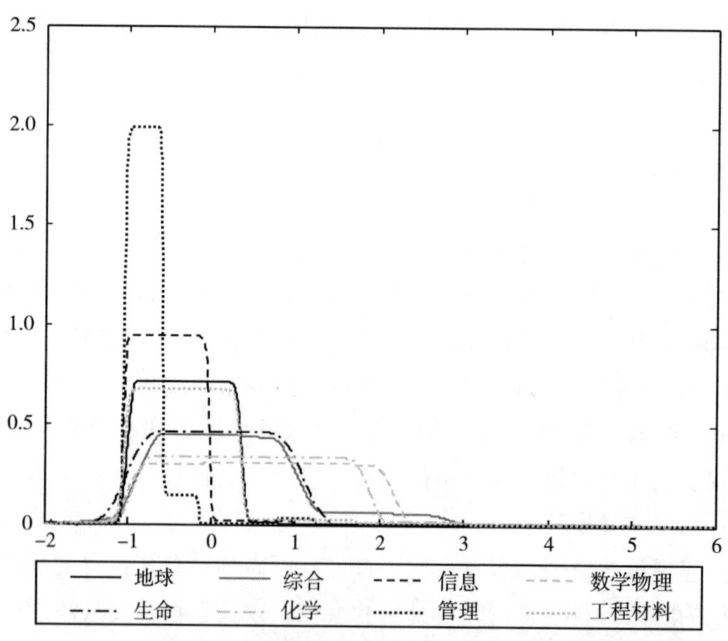

图 4.12 JCR 期刊的第二主成分样本投影的概率密度函数

即在来源期刊中，某些学科在整体学科结构中占较高比例，其影响因子等指标必然偏高。因此，不同学科期刊在文献指标上的表现具有显著差异，在进行期刊综合评价时，不宜把不同学科期刊放在一起进行比较。

4.5 本章小结

本章以第 2 章和第 3 章关于分布变量的线性组合和数字特征为基础，提出了分布型符号数据主成分分析方法。推导结果表明，分布型符号数据的主成分分析方法仍以方差—协方差矩阵为核心。主成分的求解过程也就是方差—协方差矩阵的特征值分解过程。此外，本章所得到的分布型符号数据主成分与经典的主成分具有同样的性质。

在仿真实验部分，我们提出了一种简单有效、能够证明本书提出的理论方法的合理性和准确性的实验思路。实验结果充分证明本书提出的主成分分析方法的合理性和有效性。此外，本章还将 PSPCA 方法运用到两个实际案例的研究中，油品脂类数据案例说明了 PSPCA 与 VPCA、CPCA、CIPCA 在建模结果上的差异，验证了 PSPCA 的计算准确性和稳健性。在 2007 年 JCR 学术期刊综合评价的案例中，分析结果说明，不同学科类别的学术期刊在文献指标上表现迥异，在进行期刊综合评价时，不宜把不同学科期刊放在一起进行比较。这些案例的分析结果，一方面佐证了 PSPCA 的有效性；另一方面也说明了使用分布型符号数据来概括海量数据、复杂结构数据，有助于有效识别蕴含于数据中的模式和系统知识。

第 5 章

分布型符号数据的典型相关分析

5.1 引　言

典型相关分析是一种常用的多元统计分析方法，其主要目的是用来研究两组多元随机变量之间的相关关系。如果研究的两组多元随机变量没有明显的因果关系，就不需要指定哪组多元随机变量是自变量或是因变量。但如果指标的实际意义明确，并且符合因果关系时，就可以设定一组多元随机变量为自变量组，另一组多元随机变量为因变量组。此外，典型相关分析适合研究变量组的各个变量之间具有较强相关性的情形。在自然科学研究和社会科学研究中，不同的指标之间常常相互影响、相互制约，其中存在很强的相关性，因而，典型相关分析法被广泛用来研究这种具有相关性的两组多元变量之间的相关关系。

随着人们在各个领域收集的数据越来越多，如何从高维的、海量的数据信息中提炼出重要的、有用的信息，并充分挖掘其中的丰富内涵，发掘变量组之间的相关关系，受到人们的极大关切。然而，由于传统多元统计方法的局限性，使得分析人员在直接面对具有庞大维数和样本点的数据信息集合时，难以做出迅速、有效的判断和反应。

符号数据分析方法是一种对大样本数据系统进行有效简化的方法，有利于系统分析人员在相对高的层次概念上提取有用信息。因此，研究符号数据表的典型相关分析法，特别是分布型符号数据表的典型相关分析方法，不仅是将传统典型相关分析法的运用范围从原来的单值数据形式拓展到符号数据形式，更重要的是，提供了一种新的途径，探索了对于大样本、多维度的多个复杂数据系统之间相关关系提取的研究方法。

在本章中，我们将先介绍典型相关分析的工作目标和计算方法，然后，根据第 2 章介绍的分布型符号数据的线性组合算法以及协方差矩阵的求解方法，给出分布型符号数据典型分析方法的计算步骤，并应用到学术期刊的综合评价研究中。

5.2　分布型符号数据表的典型相关分析

5.2.1　典型相关分析的工作目标和计算方法

对于给定的两组变量集合，$X=[x_1, \cdots, x_p]$ 和 $Y=[y_1, \cdots, y_q]$，它们均取自相同的 n 个样本点，分别有 p 维和 q 维的变量，可构造一个 $n\times(p+q)$ 维的数据矩阵：

$$Z=[X_{n\times p}, Y_{n\times q}]_{n\times(p+q)} \tag{5.1}$$

与主成分分析方法类似，典型相关分析同样是采用提取特征的手段，先从变量组 $X=[x_1, \cdots, x_p]$ 和变量组 $Y=[y_1, \cdots, y_q]$ 中分别提取第一个典型成分 F_1 和 G_1。其中，F_1 是变量 $x_1, \cdots, x_p$ 的线性组合，G_1 是变量 $y_1, \cdots, y_q$ 的线性组合，并且要求 F_1 与 G_1 的相关性达到最大。这时候，可以用 F_1 与 G_1 的相关程度来反映 X 与 Y 的相关关系。

为了便于推导，在下面的论述中，假设原始变量集合 Z 是标准化的。此时，Z 的协方差矩阵 $\sum(Z)$ 与其相关系数矩阵是相等的，记作：

$$\sum(Z)=\frac{1}{n}ZZ' \tag{5.2}$$

我们可以将其写成以下分块矩阵的形式：

$$\sum(Z)=\frac{1}{n}\begin{bmatrix} X'X & X'Y \\ Y'X & Y'Y \end{bmatrix}=\begin{bmatrix} \sum_{11} & \sum_{12} \\ \sum_{21} & \sum_{22} \end{bmatrix} \tag{5.3}$$

我们知道，主成分分析的工作对象主要是针对组内方差矩阵 $\sum_{11}$ 和 $\sum_{22}$。而在典型相关分析中，主要的工作目标是针对组间方差 $\sum_{12}(=\sum_{21}')$ 进行分析，即如何寻找典型主轴 a_1、b_1，并用它们构造以下典型成分：

$$F_1 = Xa_1 \tag{5.4}$$

$$G_1 = Yb_1 \tag{5.5}$$

并且，使得 F_1 与 G_1 相关程度达到最大。由于原始的变量集合都是经过标准化处理的，因此，F_1 与 G_1 的样本均值为 0。而 F_1 与 G_1 的样本方差分别为：

$$D(F_1) = \frac{1}{n}a_1'X'Xa_1 \tag{5.6}$$

$$D(G_1) = \frac{1}{n}b_1'Y'Yb_1 \tag{5.7}$$

F_1 与 G_1 的样本协方差为：

$$\text{cov}(F_1, G_1) = \frac{1}{n}a_1'X'Yb_1 \tag{5.8}$$

要使得 F_1 与 G_1 的相关度达到最大，采用以下方法寻优：

$$\max(F_1, G_1) = a_1'X'Yb_1$$

$$\text{s. t.} \begin{cases} a_1'X'Xa = 1 \\ b_1'Y'Yb_1 = 1 \end{cases} \tag{5.9}$$

在上述优化问题中，约束条件是要求 F_1 与 G_1 的模长均等于 1，即它们都是单位向量。此时，F_1 与 G_1 的样本相关系数为：

$$\text{corr}(F_1, G_1) = \frac{(F_1, G_1)}{\|F_1\|\|G_1\|} = a_1^T X^T Yb_1 \tag{5.10}$$

5.2.2 分布型符号数据典型相关分析的算法步骤

与普通数据的典型相关分析方法类似，分布型符号数据典型相关分析方法的研究对象同样包含了 n 个相同观测样本的分布型符号数据表 $X = [X_1, \cdots, X_p]$ 和 $Y = [Y_1, \cdots, Y_q]$，分别有 p 维的变量和 q 维的变量。

首先，构造一个 $n \times (p+q)$ 维的分布型符号数据矩阵：

$$Z_{n\times(p+q)} = [X_{n\times p}, Y_{n\times q}]_{n\times(p+q)} \tag{5.11}$$

在下文中，会将式（5.11）简化为 $Z = [X, Y]$，根据第 2 章第 2.3.1 小节中的定义，$Z_{n\times(p+q)}$ 的协方差矩阵 $\sum_S(Z)$ 可以表示为如式（5.12）所示。

$$\sum_S(Z)=\begin{pmatrix} D_S(X_1) & \cdots & cov_S(X_1,X_p) & cov_S(X_1,Y_1) & \cdots & cov_S(X_1,Y_q) \\ \vdots & \ddots & \vdots & \vdots & \ddots & \vdots \\ cov_S(X_1,X_p) & \cdots & D_S(X_p) & cov_S(X_p,Y_1) & \cdots & cov_S(X_p,Y_q) \\ cov_S(X_1,Y_1) & \cdots & cov_S(X_p,Y_1) & D_S(Y_1) & \cdots & cov_S(Y_1,Y_q) \\ \vdots & \ddots & \vdots & \vdots & \ddots & \vdots \\ cov_S(X_1,Y_q) & \cdots & cov_S(X_p,Y_q) & cov_S(Y_1,Y_p) & \cdots & D_S(Y_q) \end{pmatrix} \tag{5.12}$$

若数据表 $Z_{n\times(p+q)}$ 经过中心化处理，则有：

$$\begin{aligned}\sum_S(Z)&=\begin{pmatrix} 1 & \cdots & E_S(X_1,X_p) & E_S(X_1,Y_1) & \cdots & E_S(X_1,Y_q) \\ \vdots & \ddots & \vdots & \vdots & \ddots & \vdots \\ E_S(X_1,X_p) & \cdots & 1 & E_S(X_p,Y_1) & \cdots & E_S(X_p,Y_q) \\ E_S(X_1,Y_1) & \cdots & E_S(X_p,Y_1) & 1 & \cdots & E_S(Y_1,Y_q) \\ \vdots & \ddots & \vdots & \vdots & \ddots & \vdots \\ E_S(X_1,Y_q) & \cdots & E_S(X_p,Y_q) & E_S(Y_1,Y_p) & \cdots & 1 \end{pmatrix}\\ &=\begin{pmatrix} \sum_{S,11} & \sum_{S,12} \\ \sum_{S,21} & \sum_{S,22} \end{pmatrix}\\ &=R_S(Z)\end{aligned} \tag{5.13}$$

下面，我们开始推导分布型符号数据的典型相关分析方法。为了简化表达，我们先假设下述所有分布型符号数据样本矩阵已经经过标准化处理。定义分布型符号数据样本矩阵的第1对典型主成分 F_1 与 G_1，F_1 与 G_1 分别为 $X_{n\times p}$ 与 $Y_{n\times q}$ 的线性组合，即：

$$F_1=Xa_1=\sum_{v=1}^{p}a_{v1}X_v,\ a_{v1}\in R(v=1,2,\cdots,p) \tag{5.14}$$

$$G_1=Yb_1=\sum_{v=1}^{q}b_{v1}Y_v,\ b_{v1}\in R(v=1,2,\cdots,q) \tag{5.15}$$

由于原始的分布变量集合都是经过标准化处理的，因此，F_1 与 G_1 的样本均值为0。根据第4章第4.2.1小节中式（4.9）的推导过程可知，F_1 与 G_1 的样本方差分别为：

$$D_S(F_1)=a_1'\sum_{S,11}a_1 \tag{5.16}$$

$$D_S(G_1)=b_1'\sum_{S,22}b_1 \tag{5.17}$$

F_1 与 G_1 的样本协方差为：

$$\begin{aligned}\mathrm{cov}_S(F_1,\ G_1) &= E_S(F_1,\ G_1)\\ &= E_S(Xa_1,\ Yb_1)\\ &= a_1'\begin{pmatrix}E_S(X_1,\ Y_1) & \cdots & E_S(X_1,\ Y_q)\\ \vdots & \ddots & \vdots\\ E_S(X_p,\ Y_1) & \cdots & E_S(X_p,\ Y_q)\end{pmatrix}b_1\\ &= a_1'\sum\nolimits_{S,12}b_1\end{aligned} \tag{5.18}$$

同样地，还可以推导：

$$\mathrm{cov}_S(G_1,\ F_1) = E_S(G_1,\ F_1) = b_1'\sum\nolimits_{S,21}a_1 = \mathrm{cov}_S(F_1,\ G_1) \tag{5.19}$$

对于优化问题：

$$\begin{gathered}\mathrm{maxcov}_S(F_1,\ G_1) = a_1'\sum\nolimits_{S,12}b_1\\ \mathrm{s.\ t.}\begin{cases}a_1'\sum\nolimits_{S,11}a_1 = 1\\ b_1'\sum\nolimits_{S,22}b_1 = 1\end{cases}\end{gathered} \tag{5.20}$$

采用拉格朗日算法求解，记 λ_1 和 λ_2 是拉格朗日乘数，令：

$$L = a_1'\sum\nolimits_{S,12}b_1 - \lambda_1(a_1'\sum\nolimits_{S,11}a_1 - 1) - \lambda_2(b_1'\sum\nolimits_{S,22}b_1 - 1) \tag{5.21}$$

对 L 求关于 a_1、b_1 的偏导，并令其为零，有：

$$\frac{\partial L}{\partial a_1} = \sum\nolimits_{S,12}b_1 - 2\lambda_1\sum\nolimits_{S,11}a_1 = 0 \tag{5.22}$$

$$\frac{\partial L}{\partial b_1} = \sum\nolimits_{S,21}a_1 - 2\lambda_2\sum\nolimits_{S,22}b_1 = 0 \tag{5.23}$$

对 L 求关于 λ_1、λ_2 的偏导，并令其为零，有：

$$a_1'\sum\nolimits_{S,11}a_1 = b_1'\sum\nolimits_{S,22}b_1 = 1 \tag{5.24}$$

将式（5.22）左乘 a_1'，再将式（5.23）左乘 b_1'并结合式（5.24），则有：

$$\begin{cases}a_1'\sum\nolimits_{S,12}b_1 = 2\lambda_1\\ b_1'\sum\nolimits_{S,21}a_1 = 2\lambda_2\end{cases} \tag{5.25}$$

由此可得，$\lambda_1 = \lambda_2$。记作 $\beta_1 = 2\lambda_1 = 2\lambda_2$，则：

$$\beta_1 = a_1'\sum\nolimits_{S,12}b_1 \tag{5.26}$$

将 β_1 代入式（5.22）、式（5.23），得：

$$\sum\nolimits_{S,12}b_1 = \beta_1\sum\nolimits_{S,11}a_1 \tag{5.27}$$

$$\sum_{S,21} a_1 = \beta_1 \sum_{S,22} b_1 \tag{5.28}$$

如果 $\sum_{S,11}$ 与 $\sum_{S,22}$ 可逆，则有：

$$\sum_{S,11}^{-1} \sum_{S,12} b_1 = \beta_1 a_1 \tag{5.29}$$

将式（5.29）代入式（5.28），有：

$$\sum_{S,21} \left(\frac{1}{\beta_1} \sum_{S,11}^{-1} \sum_{S,12} b_1 \right) = \beta_1 \sum_{S,22} b_1 \tag{5.30}$$

所以，有：

$$\sum_{S,22}^{-1} \sum_{S,21} \sum_{S,11}^{-1} \sum_{S,12} b_1 = \beta_1^2 b_1 \tag{5.31}$$

从式（5.26）看，要求 $a'_1 \sum_{S,12} b_1$ 最大，即要求 β_1 取到最大。而从式（5.31）可知，β_1^2 是矩阵 $\sum_{S,22}^{-1} \sum_{S,21} \sum_{S,11}^{-1} \sum_{S,12}$ 的最大特征值，b_1 为特征值 β_1^2 对应的特征向量。同理可知，β_1^2 也是矩阵 $\sum_{S,11}^{-1} \sum_{S,12} \sum_{S,22}^{-1} \sum_{S,21}$ 的最大特征值，a_1 为特征值 β_1^2 对应的特征向量。也就是说，这两个特征值是相同的。

因此，分布型符号数据的典型相关分析方法的计算步骤为：

步骤一：运用式（5.13）计算矩阵 $Z_{n\times(p+q)} = [X_{n\times p}, Y_{n\times q}]_{n\times(p+q)}$ 的相关系数矩阵 $R_S(Z)$，并对矩阵 $R_S(Z)$ 进行分块，从而得到 $\sum_{S,11}$、$\sum_{S,12}$、$\sum_{S,21}$、$\sum_{S,22}$。

步骤二：解下面两个方程组：

$$\sum_{S,22}^{-1} \sum_{S,21} \sum_{S,11}^{-1} \sum_{S,12} b_s = \beta_s^2 b_s$$

$$\sum_{S,11}^{-1} \sum_{S,12} \sum_{S,22}^{-1} \sum_{S,21} a_s = \beta_s^2 a_s$$

从而得到特征值 $\beta_1^2 \geqslant \beta_2^2 \geqslant \cdots \geqslant \beta_m^2$ 相应的相互正交的特征向量 a_1，a_2，…，a_m 和 b_1，b_2，…，b_m，其中，$m = \min(p, q)$。

步骤三：运用 3.2.2 小节所述，计算典型成分 $F_s = Xa_s = \sum_{v=1}^{p} a_{vs} X_v$ 和 $G_s = Yb_s = \sum_{v=1}^{q} b_{vs} Y_v$ 向量中每一样本的密度函数。

5.3　分布型符号数据典型相关分析的辅助分析技术

在主成分分析中，若 X 标准化数据表，它们的总变异和为 p，F_h 是 X 的第 h

个主成分，则 X 可由 F_h 解释的变异精度为：

$$Rd(X, F_h) = \frac{1}{p}\sum_{v=1}^{p} corr^2(X_v, F_h) v = 1, 2, \cdots, p \tag{5.32}$$

$Rd(X, F_h)$ 表示第 h 个主成分 F_h 解释的数据变异信息占原数据总变异信息的百分比。典型相关分析是主成分分析的发展和延伸，根据同样的思路，可以定义典型相关分析的计算精度和结果的评价。这里的 $corr_S(X_v, F_h)$ 表示 X_v 和 F_h 的相关系数，可根据第 2 章中的公式（2.27）计算得出。

先定义数据表在组内被解释的变异，即 X 由其典型成分 F_h 所解释的变异，以及 Y 由其典型成分 G_h 所解释的变异。在这里，记 X 由成分 F_h 所解释的变异精度为 $Rd(X, F_h)$，记 Y 由其典型成分 G_h 所解释的变异精度为 $Rd(Y, G_h)$。则有以下结论：

（1）X 由其典型成分 F_h 所解释的变异：

$$Rd(X, F_h) = \frac{1}{p}\sum_{v=1}^{p} corr^2(X_v, F_h) \tag{5.33}$$

（2）Y 由其典型成分 G_h 所解释的变异：

$$Rd(Y, G_h) = \frac{1}{q}\sum_{v=1}^{q} corr^2(Y_v, G_h) \tag{5.34}$$

在式（5.33）中，$Rd(X, F_h)$ 表示，在研究 X 与 Y 的典型相关关系时，由于 X 提取了典型成分 F_h，从而使得 X 中包含典型成分 F_h 的信息被用于分析过程。同样地，$Rd(Y, G_h)$ 表示，由于在 Y 提取了典型成分 G_h，从而使得 Y 中包含典型成分 G_h 的信息被用于典型相关分析。同时，我们还可以定义 X 在组间被解释的变异及 Y 在组间被解释的变异，即 X 被 G_h 所解释的变异以及 Y 被 F_h 所解释的变异。

（3）X 被 G_h 所解释的变异：

$$Rd(X, G_h) = \frac{1}{p}\sum_{v=1}^{p} corr^2(X_v, G_h) \tag{5.35}$$

（4）Y 被 F_h 所解释的变异：

$$Rd(Y, F_h) = \frac{1}{q}\sum_{v=1}^{q} corr^2(Y_v, F_h) \tag{5.36}$$

由上述（1）~（4）还可以定义，当在 X 中提取典型成分 $F_1, \cdots, F_s$ 时，X 与 Y 被 $F_1, \cdots, F_s$ 解释的累计变异精度为：

$$Rd(X, F_1, \cdots, F_h) = \sum_{h=1}^{s} Rd(X, F_h) = \frac{1}{p}\sum_{h=1}^{s}\sum_{v=1}^{p} corr^2(X_v, F_h) \tag{5.37}$$

$$Rd(Y, F_1, \cdots, F_h) = \sum_{h=1}^{s} Rd(Y, F_h) = \frac{1}{q}\sum_{h=1}^{s}\sum_{v=1}^{q} corr^2(Y_v, F_h) \quad (5.38)$$

对称地，根据上述的（2）和（3），当在 Y 中提取典型成分 G_1，…，G_s 时，可定义 X 和 Y 被 G_1，…，G_s 解释的累计变异精度为：

$$Rd(X, G_1, \cdots, G_h) = \sum_{h=1}^{s} Rd(X, G_h) = \frac{1}{p}\sum_{h=1}^{s}\sum_{v=1}^{p} corr^2(X_v, G_h) \quad (5.39)$$

$$Rd(Y, G_1, \cdots, G_h) = \sum_{h=1}^{s} Rd(Y, G_h) = \frac{1}{q}\sum_{h=1}^{s}\sum_{v=1}^{q} corr^2(Y_v, G_h) \quad (5.40)$$

当讨论单个原始变量 X_v 或者 Y_w 时，它们的组内被解释变异与组间被解释变异也是很重要的指标。

（5）X_v 的组内被解释变异，是指 X_v 被典型成分 F_1，…，F_s 所解释的变异：

$$Rd(X_v, F_1, \cdots, F_s) = \sum_{h=1}^{s} Rd(X_v, F_h) = \sum_{h=1}^{s} corr^2(X_v, F_h) \quad (5.41)$$

（6）Y_v 的组内被解释变异，是指 Y_v 被典型成分 G_1，…，G_s 所解释的变异：

$$Rd(Y_v, G_1, \cdots, G_s) = \sum_{h=1}^{s} Rd(Y_v, G_h) = \sum_{h=1}^{s} corr^2(Y_v, G_h) \quad (5.42)$$

由于 F_1，…，F_s 代表了 X 中在 X 与 Y 典型相关分析中最活跃的那部分数据信息，因此，如果某个变量 X_v 在组内被解释的精度很低，那就说明它在研究过程中所起的作用很小。也就是说，当 X_v 与 F_1，…，F_s 的相关程度很弱时，它与 Y 中变量的联系也是很弱的。

（7）X_v 在组间被解释变异，是指 X_v 被典型成分 G_1，…，G_s 所解释的变异：

$$Rd(X_v, G_1, \cdots, G_s) = \sum_{h=1}^{s} Rd(X_v, G_h) = \sum_{h=1}^{s} corr^2(X_v, G_h) \quad (5.43)$$

（8）X_v 的组间被解释变异，是指 X_v 被典型成分 F_1，…，F_s 所解释的变异为：

$$Rd(Y_v, F_1, \cdots, F_s) = \sum_{h=1}^{s} Rd(Y_v, F_h) = \sum_{h=1}^{s} corr^2(Y_v, F_h) \quad (5.44)$$

从（7）、（8）可以说明，如果某个变量与另一组变量的相关关系很弱，说明该变量在组间被解释的变异很少。

5.4　案例研究

本节同样采用期刊的数据来验证分布型符号数据典型相关分析方法的有效性。本节采用 JCR 数据库和 CSCD 的数据库。

CSCD 数据库创建于 1989 年，在国家自然科学基金委的资助下由中国科学文献情报中心承建，其收录期刊均为学术性期刊，是中国第一引文数据库，用来反映中国的科学研究和科研成果应用，因此，可以充分地显示中国的科学研究水平。

2007 年，CSCD 数据库共收录了 735 种期刊，其中，中文期刊为 682 种，英文期刊为 53 种，分布在 53 个不同的学科类目中，引用的参考文献约 231 万余条。根据国家自然科学基金委员会重点学术期刊专项基金的学科划分，同样将上述 735 种期刊分为数学物理科学类期刊、化学科学类期刊、生命科学类期刊、地球科学类期刊、工程材料科学类期刊、信息科学类期刊、管理科学类期刊以及综合类期刊 8 类。在这些期刊中，生命科学类的期刊比重最大，占比超过 1/3。原因在于，其涵盖的分支学科最多，如生物学、医学、农林学，等等；之后，是工程材料科学类期刊，占比为 15%；数学物理科学类期刊、化学科学类期刊、地球科学类期刊各占 10%；占比最少的是管理科学类期刊，仅为 4%，如图 5.1 所示。

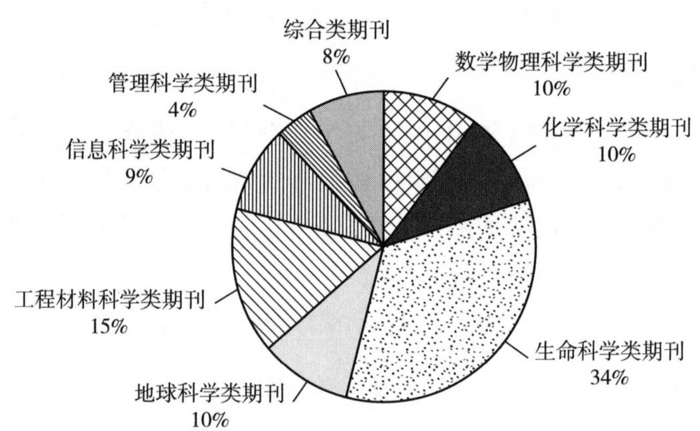

图 5.1 2007 年 CSCD 期刊的学科分布

资料来源：张建勇. 中国科学计量指标：期刊引证报告［M］. 北京：中国科学院文献情报中心出版社，2008.

在第 4 章中，我们采用分布型符号数据主成分分析方法对 JCR 数据库中 SCI 期刊的整体情况和学科特性进行了系统分析。在本节中，我们将借助典型相关分析方法分析两个期刊数据库之间的联系，探寻不同数据库中文献计量指标的不同内在含义，从而综合反映中国 CSCD 期刊及国际 SCI 期刊的不同情况。

不过，由于两个数据库的指标和样本点均不一样，在进行比较分析的时候难免存在一定的偏差和问题。由于 CSCD 数据库和 JCR 数据库的指标选取不同，在本章的研究中为了更好地比较两个数据库的指标含义和差别，将选用两个数据库中相同的5个指标进行分析，即总被引频次、影响因子、即年指标、发文量和被引半衰期。

另外，在样本点的选取上，我们先对两个数据库中2004～2007年共同的期刊样本（即中国的SCI期刊）进行研究，先分析不同数据库的指标差异。然后，分别选取两个数据库2007年的全部期刊，通过学科分类生成符号数据，运用分布型符号数据典型相关分析，对两个数据库期刊的学科特性进行分析，从而进一步分析中国学术期刊的不同学科领域在国际上整体的科研水平。

5.4.1　CSCD数据库及JCR数据库中共同期刊样本的分布型符号数据典型相关分析

为了分析CSCD数据库及JCR数据库的指标含义，并研究中国SCI期刊的学科特性，先利用两个数据库中2004～2007年共同的期刊样本（即中国SCI期刊），进行分布型符号数据典型相关分析。分布型符号数据的生成标准按照8个学科的分类（数学物理科学类期刊、化学科学类期刊、生命科学类期刊、地球科学类期刊、工程材料科学类期刊、信息科学类期刊、管理科学类期刊及综合科学类期刊），由于中国管理学科没有期刊进入SCI检索，因此，共有7个分布样本。采用5个文献计量指标，即总被引频次、影响因子、即年指标、发文量和被引半衰期。

为了提高运算精度，我们剔除了每个学科在各个指标的极端值，并采用核密度来估计该分布型符号数据表中的每个单元的概率密度函数。分别得到JCR数据库指标和CSCD数据库指标的两个7×5的分布型符号数据表，其相应的概率密度函数，如附录B中（图B1、图B2）所示。

表5.1的典型相关分析结果显示了五对典型变量间的典型相关系数，第一对典型变量的典型相关系数相对较高，对应的特征值贡献率达83.4%。通过对典型相关系数进行检验，结果显示，只有第一对典型变量的相关系数显著不为0。为了便于绘制因子载荷图，以下将提取两对典型相关变量进行分析。

表5.1　CSCD与JCR共同样本的分布型符号数据典型相关分析结果

典型变量	典型相关系数	特征值	特征值贡献率（%）	特征值累计贡献率（%）
1	0.655	0.429	83.4	83.4
2	0.248	0.061	12.0	95.4
3	0.150	0.022	4.4	99.8
4	0.036	0.001	0.2	100
5	0.014	0.000	0.0	100.0

前两对典型变量与原始指标之间的因子载荷矩阵，如表 5. 2 所示。反映了第一对典型变量和第二对典型变量分别与原始变量之间的相关性，其中，JCR1 和 JCR2 表示提取的 JCR 数据库的前两个典型变量，CSCD1 和 CSCD2 表示提取的 CSCD 数据库的前两个典型变量。可以看到，第一对典型变量都与影响因子、即年指标两个指标呈强正相关，而第二对典型变量与被引半衰期的相关性较强。图 5. 2 为相应的典型变量的因子载荷图。

表 5. 2　　CSCD 与 JCR 共同样本的典型载荷矩阵

JCR 原始指标	JCR1	JCR2	CSCD 原始指标	CSCD1	CSCD2
JCR 总被引频次	0. 211	0. 368	CSCD 总被引频次	0. 354	0. 157
JCR 影响因子	0. 612	−0. 180	CSCD 影响因子	0. 529	−0. 338
JCR 即年指标	0. 610	−0. 294	CSCD 即年指标	0. 614	−0. 125
JCR 发文量	−0. 295	0. 254	CSCD 发文量	−0. 318	0. 303
JCR 被引半衰期	0. 348	0. 825	CSCD 被引半衰期	0. 342	0. 868

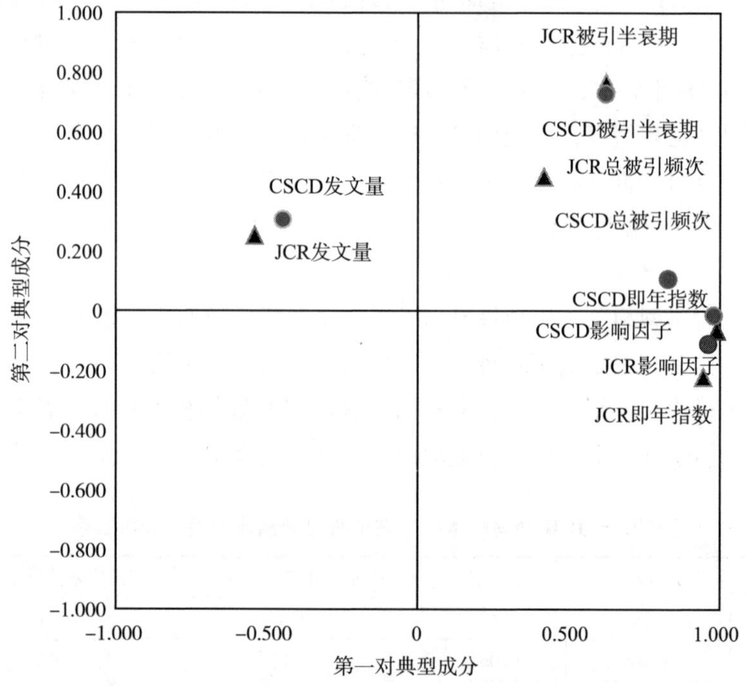

图 5. 2　CSCD 与 JCR 共同样本的典型变量的因子载荷

由图 5. 2 的因子载荷图可知，CSCD 和 JCR 两个数据库对应的五对指标之间都表现出了较强的相关性，特别是被引半衰期、影响因子和即年指标。这说明，同一期刊在不同的数据库中的相对被引率的相关性比较强，两个发文量的相关性也较强。这个结论从指标含义上很好理解，因为在一般情况下，同一期刊的发文量是一致的。总被引频次这对指标的相关性相对较弱，体现了不同统计源所导致的指标差异。通过表 5.2 的前两对典型变量的因子载荷矩阵和图 5.2 的典型变量的因子载荷可以发现，第一对典型变量由于与影响因子和即年指标高度相关，主要反映了期刊在两个数据库中的相对被引率。

根据典型相关分析的结果，将符号对象在第一对典型成分上的得分情况绘制成图，观察 7 个学科期刊的特征。为了便于观察每个学科在第一对典型成分上的表现，我们将分别绘制中国 SCI 期刊所在的 7 个学科在 JCR 数据上的第一典型主轴的投影图和在 CSCD 数据上的第一典型主轴的投影图，从而得到 7 个学科期刊的两个一阶典型成分的概率密度函数，如图 5.3、图 5.4 所示。

由图 5.3 和图 5.4 的一阶典型成分可以发现，由于所选的原始期刊样本是一样的，因此，各个学科在上述两张图上呈现出较为一致的分布顺序。在中国的 SCI 期刊中，地球科学类期刊、生命科学类期刊和数学物理科学类期刊在国际上都有着较大的影响力，表现为影响因子和即年指标高，即相对被引率高，而工程材料科学类期刊、信息科学类期刊、化学科学类期刊和综合类期刊的影响力相对较低。

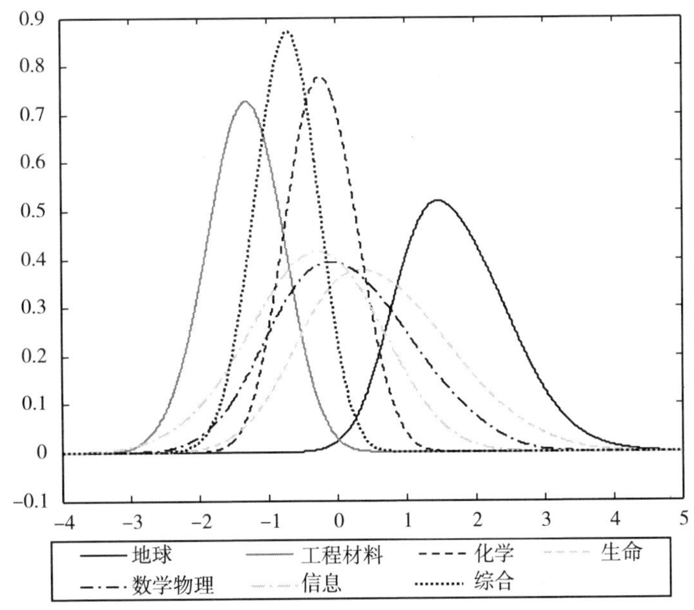

图 5.3　CSCD 与 JCR 共同样本的 JCR 一阶典型成分的概率密度函数

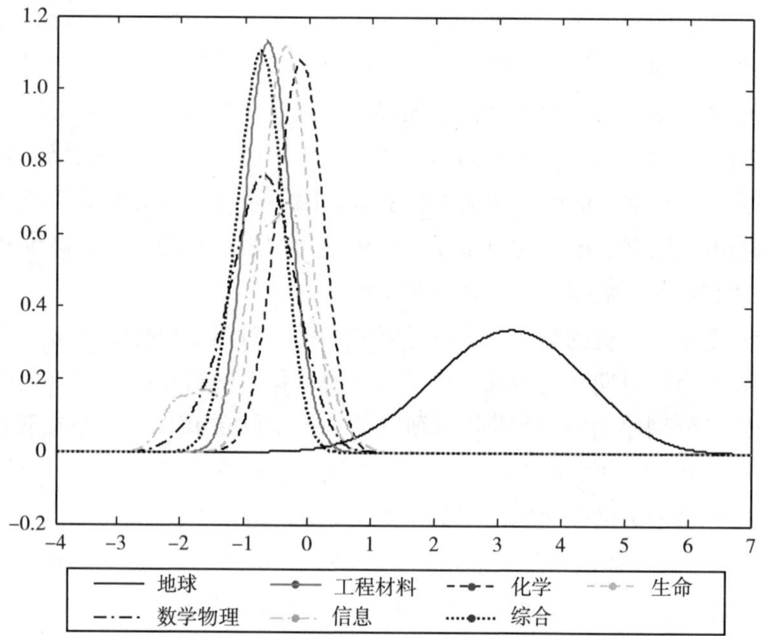

图 5.4 CSCD 与 JCR 共同样本的 CSCD 一阶典型成分的概率密度函数

另外，每个学科的期刊在不同数据库中的分布形态不同，说明不同学科的期刊在国内外的认可度不太一致。可以看到的是，在 CSCD 数据库中，中国的 SCI 期刊地球学科类的相对引用率远远高于其他学科。此外，无论哪类学科的期刊，在国际上影响力的离散程度均比在国内高，即在国内影响力大的学科期刊在国际上的认可程度差别也比较大。

5.4.2 CSCD 数据库与 JCR 数据库全部期刊的分布型符号数据典型相关分析

为了进一步研究中国学术期刊在不同学科领域整体科研水平与国际上相关学科发展水平的相关关系，将分别利用 CSCD 数据库及 JCR 数据库中 2007 年的全部期刊样本，进行分布型符号数据典型相关分析。按照 8 个学科的分类（数学物理科学类期刊、化学科学类期刊、生命科学类期刊、地球科学类期刊、工程材料科学类期刊、信息科学类期刊、管理科学类期刊及综合类期刊）来生成分布型符号数据，选用的 5 个文献计量指标是总被引频次、影响因子、即年指标、发文量和被引半衰期。

同样地，我们剔除了每个学科在各个指标中的极端值，并采用核密度估计来估计该分布型符号数据表中每一个单元的概率密度函数，分别得到 JCR 数据库和 CSCD 数据库两个数据库的两个 8 ×5 的分布型符号数据表，其相应的概率密度函数，如附录 C 中（图 C1、图 C2）所示。值得一提的是，由于两个数据库样本点是不一样的，在进行比较分析时难免存在较大的偏差。

表 5. 3 的典型相关分析结果显示了五对典型变量间的典型相关系数，第一对典型变量的典型相关系数相对较高，但也只有 0. 385，对应的特征值累计贡献率为63. 6% 。同样地，为了便于绘制典型成分的因子载荷图，以下将提取前两对典型相关变量进行分析。

表 5. 3　CSCD 数据库与 JCR 数据库全部期刊的分布型符号数据典型相关分析结果

典型变量	典型相关系数	特征值	特征值贡献率（%）	特征值累计贡献率（%）
1	0. 385	0. 148	63. 6	63. 6
2	0. 281	0. 079	34. 0	97. 6
3	0. 067	0. 005	1. 9	99. 5
4	0. 030	0. 001	0. 4	99. 9
5	0. 009	0. 000	0. 0	100. 0

前两对典型变量与原始指标之间的典型载荷矩阵，如表 5. 4 所示。反映了第一对典型变量和第二对典型变量分别与原始变量之间的相关性，其中，JCR1 和 JCR2 分别表示提取的 JCR 数据库的前两个典型变量，CSCD1 和 CSCD2 分别表示提取的 CSCD 数据库的前两个典型变量。可以看到，第一对典型变量与所有变量都呈现正相关，因此，可以作为一个综合指标来评价该学科期刊的总体情况。另外一些与第一对典型变量相关度较高的变量是发文量、影响因子和即年指数，主要表示该学科期刊的相对引用情况，还反映期刊承载的信息量。而第二对典型变量则与总被引频次强正相关，与被引半衰期强负相关。图 5. 5 为相应的典型成分的组内因子载荷图。

表 5. 4　　　　CSCD 数据库与 JCR 数据库全部期刊的典型载荷矩阵

JCR 原始指标	JCR1	JCR2	CSCD 原始指标	CSCD1	CSCD2
JCR 总被引频次	0. 265	0. 501	CSCD 总被引频次	0. 326	0. 795

续表

JCR 原始指标	JCR1	JCR2	CSCD 原始指标	CSCD1	CSCD2
JCR 影响因子	0. 595	0. 010	CSCD 影响因子	0. 434	-0. 283
JCR 即年指标	0. 623	-0. 199	CSCD 即年指标	0. 625	-0. 277
JCR 发文量	0. 433	-0. 006	CSCD 发文量	0. 546	0. 169
JCR 被引半衰期	0. 015	-0. 842	CSCD 被引半衰期	0. 130	-0. 427

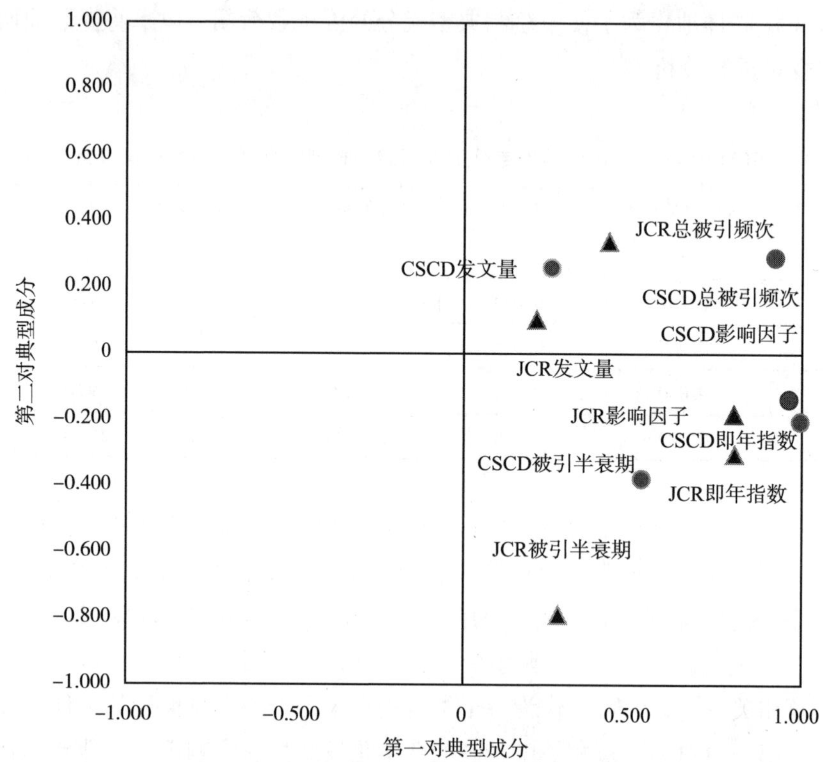

图 5. 5　CSCD 数据库与 JCR 数据库全部期刊的典型成分的组内因子载荷

由图 5. 5 可知，CSCD 数据库和 JCR 数据库对应的 5 对指标之间都表现出较强的相关性，特别是影响因子、发文量和即年指数 3 个指标。这说明，即便期刊样本不同，但两个数据库在几个文献计量指标所能反映的期刊特性是相通的。相对而言，总被引频次和被引半衰期这两对指标的相关性较弱，则体现了由于期刊统计源的不同会一定程度上影响指标在评价时所造成的微弱偏差。可见，尽管 CSCD 数据库和 JCR 数据库在期刊样本和统计源上存在很大差异，但在评价期刊的指标上有着较强的相关性和一致性。并且，都呈现出两个维度，一个维度以总被引频次和被引半衰期这两个指标为代表；另一个维度以发文量、影响因子和即年指标这 3 个指标为代表。

由于第一对典型变量与所有变量都呈现正相关，因此，可以作为综合指标来评价该学科期刊的总体情况。接下来，我们将分别绘制 JCR 数据库全部期刊和 CSCD 数据库全部期刊的一阶典型成分图，综合评价 8 个学科期刊在不同数据库中各个指标上的总体表现，如图 5.6、图 5.7 所示。

与 5.4.1 节的第一对典型成分图的结果不同，各个学科在不同数据库中的表现明显不一致。从图 5.6 可以看出，国际 SCI 期刊中生命科学类期刊和化学科学类期刊学术影响力较强，综合类期刊（为了减小类内散差，综合类中少数极有影响力的期刊，如《自然》（*Nature*），《科学》（*Science*），已经作为极端值剔除掉）则相对偏低。而从图 5.7 中可以看出，中国 CSCD 期刊中地球科学类期刊和化学科学类期刊整体上呈现出相对较强的学术综合影响力，而数学物理科学类期刊相对较低。

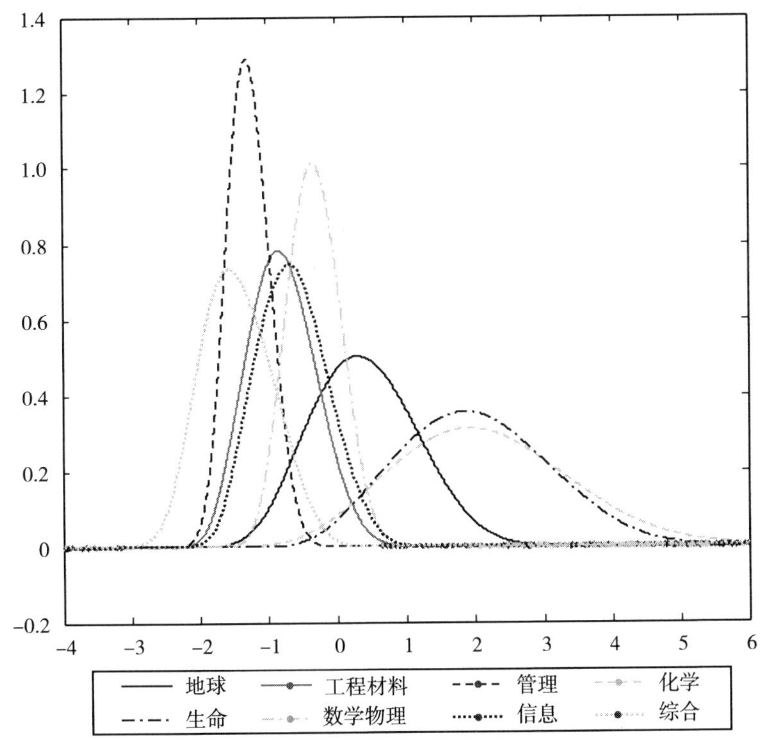

图 5.6　JCR 数据库全部期刊的一阶典型成分的概率密度函数

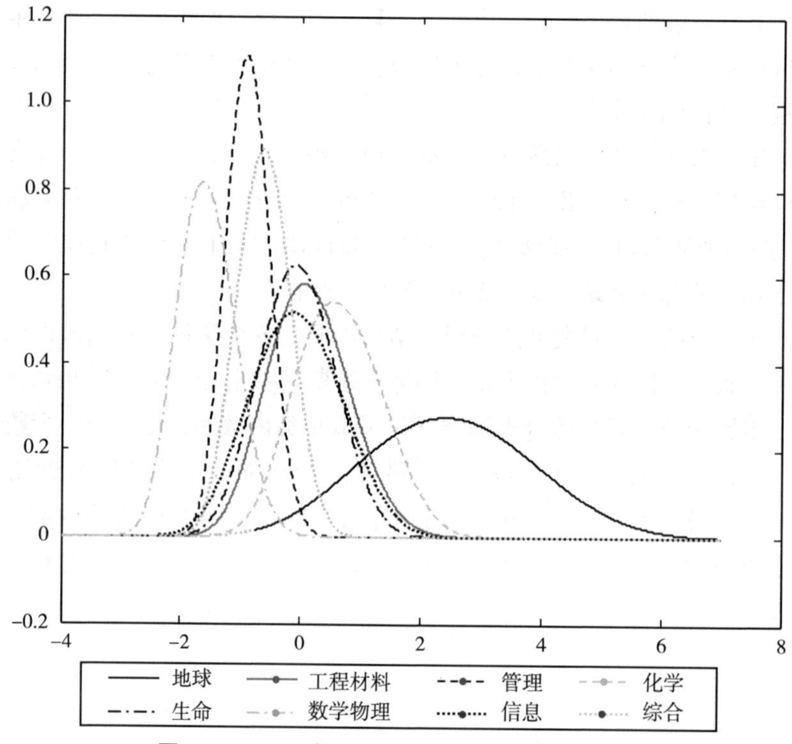

图 5.7　CSCD 数据库全部期刊的一阶典型成分

5.5　本章小结

本章以第 2 章和第 3 章关于分布变量的线性组合和数字特征为基础，并基于第 4 章分布型符号数据线性组合方差的推导结果，将分布型符号数据特征提取方法延伸到典型相关分析方法中，并实现了分布型符号数据典型相关分析从计算到可视化的全部过程。

进一步，本章将分布型符号数据的典型相关分析方法应用到 CSCD 数据库和 JCR 数据库两个不同的期刊数据库在学科层面上的相关分析研究中，探讨了不同数据库评价指标的联系和差异，并进一步分析中国不同学科的学术期刊在国际上的发展地位。研究结果表明，中国的 SCI 期刊中，地球科学类期刊、生命科学类期刊和数学物理科学类期刊无论在国内还是国际上都有较大的影响力，表现为影响因子和即年指标高，即相对被引率高，特别是地球类期刊，远远高于其他学科期刊。而工程材料科学类期刊、信息科学类期刊、化学科学类期刊和综合类期刊影响力相对较低。

此外，无论哪类学科的期刊，在国际上影响力的离散程度均比在国内高，即在国内影响力大的期刊在国际上的认可程度差别也比较大。另外，尽管 CSCD 数据库和 JCR 数据库在期刊样本和统计源上存在很大差异，但在评价期刊的指标上有着较强的相关性和一致性。

第 6 章

分布型符号数据的费歇尔判别分析

6.1 引　　言

判别分析是一个在数据挖掘和多元统计中应用最为广泛的技术，其主要目的是通过建立模型来识别个体的所属类别。自从 1936 年费歇尔（Fisher）在对植物进行分类的研究中首次提出该方法以来，便得到广泛应用。例如，气候分类、土地规划、动植物分类，等等。

随着信息的快速发展，在自然科学和社会科学等许多应用领域中，传统的判别分析方法也显示出其局限性。这是因为传统的判别分析方法的工作对象往往只能局限在普通单值定性数据或单值定量数据，把待判样本看作空间中的点。然而，在大多数情形下，很多样本仅仅由点，也就是单值定性数据或者单值定量数据来描述是不够的，如一个城市的经济发展结构，一个地区在一段时间内的气象状况，因此，研究符号数据的判别分析方法具有重要的应用价值。

费歇尔判别法借用了一元方差分析的思想，即根据组间方差与组内方差之比最大的原则进行判别。它的核心思想是投影，把多维的判别问题转化为一个一维判别问题或者多个一维判别问题来处理。即寻找一个适当的投影方向，使得样本在该方向的投影值所形成的类内离差尽可能小，而类间离差尽可能大。因此，分布型符号数据的费歇尔判别方法的关键技术就是，构造类内离差矩阵和类间离差矩阵，通过特征提取找到投影轴。另外，在判别新样本的总体归属时，通常采用距离规则。

本章我们将先介绍分布型符号数据的瓦瑟斯坦（Wasserstein）距离，并说明其良好的性质，然后，从费歇尔判别分析方法的原始定义出发，推导其求解的过程并给出线性判别函数；接着，基于瓦瑟斯坦距离给出分布型符号数据费歇尔判别规则；最后，采用仿真案例验证方法的有效性，同时，将分布型符号数据费歇尔判别方法应用到实际案例的研究中。

6.2　分布型符号数据的瓦瑟斯坦平方距离测度

在经典的多元统计分析中，衡量两个观测样本之间的相异程度通常采用的是它们之间的距离定义。数值型数据的距离可以基于样本点间的相互位置来计算。而在定义两个分布型符号数据的距离时，不仅要考虑其位置差异，还要考虑分布形态的差异。本节将介绍分布型符号数据的瓦瑟斯坦平方距离，并说明其良好的性质。

瓦瑟斯坦距离用于衡量任意两个分布之间的距离（Gibbs & Su，2002）。假设 $F_X(x)$ 和 $F_Y(x)$ 分别是随机变量 X 和随机变量 Y 的分布函数，那么，它们的瓦瑟斯坦距离定义为：

$$d^2(X,\ Y)=\int_0^1 |F_X^{-1}(t)-F_Y^{-1}(t)|dt \tag{6.1}$$

在式（6.1）中，$F_X^{-1}(t)$ 和 $F_X^{-1}(t)$ 分别表示 $F_X(x)$ 和 $F_Y(x)$ 的反函数，也称为 $F_X(x)$ 和 $F_Y(x)$ 的分位函数（quantile function）。巴里奥将该距离扩展为瓦瑟斯坦的平方距离：

$$d(X,\ Y)=\int_0^1 (F_X^{-1}(t)-F_Y^{-1}(t))^2 dt^{1/2} \tag{6.2}$$

为了进一步明确瓦瑟斯坦距离的几何含义，伊尔皮诺和罗马诺（Irpino & Romano，2007）推导了瓦瑟斯坦距离的等价表达，即使用分布函数的一阶矩和二阶距，将瓦瑟斯坦平方距离分解为：

$$d(X,\ Y)=\sqrt{(\mu_X-\mu_Y)^2+(\sigma_X-\sigma_Y)^2+2\sigma_X\sigma_Y(1-\rho_{QQ}(X,\ Y))} \tag{6.3}$$

在式（6.3）中，μ_X 和 μ_Y 分别代表随机变量的 X 和 Y 的均值，σ_X^2 和 σ_Y 分别代表 X 和 Y 的方差，$\rho_{QQ}(X,\ Y)$ 表示两个分布的相关系数，即：

$$\rho_{QQ}(X, Y) = \frac{\int_0^1 (F_X^{-1}(t) - \mu_X)(F_Y^{-1}(t) - \mu_Y)dt}{\sigma_X \sigma_Y}$$
$$= \frac{\int_0^1 F_X^{-1}(t) F_Y^{-1}(t)dt - \mu_X \mu_Y}{\sigma_X \sigma_Y} \tag{6.4}$$

通常而言，分布的均值和方差分别刻画了它的位置和尺度信息。式（6.4）表明，$\rho_{QQ}(X, Y)$ 描述了两个分布的形状相似度，它的取值在 0 ~ 1 区间。两个分布在形状上越相似，$\rho_{QQ}(X, Y)$ 的数值就越大。当具有完全相同的形状时，即两个分布分别经过标准化处理之后具有完全相同的函数表达形式，此时，$\rho_{QQ}(X, Y) = 1$。上述公式说明，瓦瑟斯坦的平方距离综合考虑了三个因素：位置的相异度、尺度相异度和形状的相异度。另外，可以证明的是，瓦瑟斯坦平方距离满足距离定义的三个性质。

特别地，若 X 和 Y 服从正态分布，我们知道标准化后的正态分布都是标准正态分布，即 $\rho_{QQ}(X, Y) = 1$，则两个正态分布的瓦瑟斯坦平方距离为：

$$d^2(X, Y) = (\mu - \mu)^2 + (\sigma - \sigma)^2 \tag{6.5}$$

6.3 分布型符号数据的费歇尔判别方法

6.3.1 线性判别函数

在判别分析中，设样本来自 K 个总体 $G^{(1)}$，$G^{(2)}$，…，$G^{(K)}$，每个总体含有 $n_k(k = 1, 2, \cdots, K)$ 个样本点，记总样本点个数 $n = \sum_{k=1}^{K} n_k$，数据表每个样本点均由一个 p 维的符号向量来描述。因此，第 k 个总体 $G^{(k)}$ 中的第 u 个 p 维样本点 $X_u^{(k)}$ 可以表示为 $X_u^{(k)} = (X_{u1}^{(k)}, X_{u2}^{(k)}, \cdots, X_{up}^{(k)})'$；而在第 v 个变量的取值 $X_{uv}^{(k)}(u = 1, \cdots, n_k, v = 1, \cdots, p)$，是一个分布型符号数据。原始的多元分布变量数据表，如式（6.6）所示。

$$X_{n\times p}=\begin{pmatrix} X^{(1)}_{n_1\times p} \\ X^{(2)}_{n_2\times p} \\ \vdots \\ X^{(K)}_{n_K\times p} \end{pmatrix}=\begin{pmatrix} X^{(1)}_{11} & \cdots & X^{(1)}_{1p} \\ \vdots & & \vdots \\ X^{(1)}_{n_1 1} & \cdots & X^{(1)}_{n_1 p} \\ \hline X^{(2)}_{11} & \cdots & X^{(2)}_{1p} \\ \vdots & & \vdots \\ X^{(2)}_{n_2 1} & \cdots & X^{(2)}_{n_2 p} \\ \hline & \vdots & \\ \hline X^{(K)}_{11} & \cdots & X^{(K)}_{1p} \\ \vdots & & \vdots \\ X^{(K)}_{n_K 1} & \cdots & X^{(K)}_{n_K p} \end{pmatrix}_{n\times p} \tag{6.6}$$

费歇尔判别的思想就是寻找一个投影方向，使得 K 组 p 维分布型符号数据在这个方向投影后的不同组之间的样本点尽可能分离，同组间的样本点尽可能聚集，并在这个基础上，建立判别函数及判别准则，从而实现对待判样本的判别分析。

根据 2.2 节中分布型符号数据数字特征的定义和性质，第 k 个总体 $G^{(k)}$ 均值向量可以表示为式（6.7）：

$$m^{(k)}=(m_1^{(k)},\ m_2^{(k)},\ \cdots,\ m_p^{(k)})^T=(E_S(X_1^{(k)}),\ E_S(X_2^{(k)}),\ \cdots,\ E_S(X_p^{(k)}))^T \tag{6.7}$$

式（6.7）中的每个元素 $m_v^{(k)}=E_S(X_v^{(k)})=\frac{1}{n_k}\sum_{u=1}^{n_k}E(X_{uv})$，$v=1,\ 2,\ \cdots,\ p$。

令 $\alpha=(\alpha_1,\ \alpha_2,\ \cdots,\ \alpha_p)^T$ 为 R^p 中的任一向量，$\alpha'X$ 是 X 以 α 为法线方向的投影。则第 k 个总体 $G^{(k)}$ 中，各样本点的投影为 $\alpha^T O_1^{(k)}$，…，$\alpha^T O_{n_k}^{(k)}$。由分布型符号数据的均值定义，第 k 个总体 $G^{(k)}$ 投影后的均值为：

$$E_S(\alpha^T X^{(k)})=\alpha^T E_S(X^{(k)}) \tag{6.8}$$

K 组数据投影的总均值为：

$$E_S(\alpha^T X)=\alpha^T E_S(X) \tag{6.9}$$

因此，各组间离差的平方和为：

$$
\begin{aligned}
SSG &= \sum_{k=1}^{K} n_k\left(E_S(\alpha^T X^{(k)}) - E_S(\alpha^T X)\right)^2 \\
&= \sum_{k=1}^{K} n_k \alpha^T \begin{pmatrix} (E_S(X_1^{(k)}) - E_S(X_1))^2 & \cdots & \begin{matrix}(E_S(X_1^{(k)}) - E_S(X_1), \\ E_S(X_p^{(k)}) - E_S(X_p))\end{matrix} \\ \vdots & \cdots & \vdots \\ \begin{matrix}(E_S(X_p^{(k)}) - E_S(X_p), \\ E_S(X_1^{(k)}) - E_S(X_1))\end{matrix} & \cdots & (E_S(X_p^{(k)}) - E_S(X_p))^2 \end{pmatrix} \alpha \\
&= \alpha^T \left[\sum_{k=1}^{K} n_k \begin{pmatrix} (E_S(X_1^{(k)}) - E_S(X_1))^2 & \cdots & \begin{matrix}(E_S(X_1^{(k)}) - E_S(X_1), \\ E_S(X_p^{(k)}) - E_S(X_p))\end{matrix} \\ \vdots & \cdots & \vdots \\ \begin{matrix}(E_S(X_p^{(k)}) - E_S(X_p), \\ E_S(X_1^{(k)}) - E_S(X_1))\end{matrix} & \cdots & (E_S(X_p^{(k)}) - E_S(X_p))^2 \end{pmatrix}\right] \alpha \\
&= \alpha^T B \alpha \qquad (6.10)
\end{aligned}
$$

K 组数据的组内离差平方和为：

$$
\begin{aligned}
SSE &= \sum_{k=1}^{K} D_S(\alpha^T X^{(k)}) \\
&= \sum_{k=1}^{K} [E_S(\alpha^T X^{(k)2}) - E_S(\alpha^T X^{(k)})^2] \\
&= \sum_{k=1}^{K} \alpha^T \begin{pmatrix} E_S(X_1^{(k)2}) - E_S(X_1^{(k)})^2 & \cdots & E_S(X_1^{(k)} \times X_p^{(k)}) - E_S(X_1^{(k)}) E_S(X_p^{(k)}) \\ \vdots & \ddots & \vdots \\ E_S(X_1^{(k)} \times X_p^{(k)}) - E_S(X_1^{(k)}) E_S(X_p^{(k)}) & \cdots & E_S(X_p^{(k)2}) - E_S(X_p^{(k)})^2 \end{pmatrix} \alpha \\
&= \alpha^T \sum_{k=1}^{K} \begin{pmatrix} E_S(X_1^{(k)2}) - E_S(X_1^{(k)})^2 & \cdots & E_S(X_1^{(k)} \times X_p^{(k)}) - E_S(X_1^{(k)}) E_S(X_p^{(k)}) \\ \vdots & \ddots & \vdots \\ E_S(X_1^{(k)} \times X_p^{(k)}) - E_S(X_1^{(k)}) E_S(X_p^{(k)}) & \cdots & E_S(X_p^{(k)2}) - E_S(X_p^{(k)})^2 \end{pmatrix} \alpha \\
&= \alpha^T E \alpha \qquad (6.11)
\end{aligned}
$$

根据费歇尔判别分析的基本原理，优化准则可以表示为式（6.12）：

$$
\max \Delta(\alpha) = \frac{\alpha^T B \alpha}{\alpha^T E \alpha} \qquad (6.12)
$$

由代数知识可知，上述优化方程 $\Delta(\alpha)$ 的解向量 α_1 为 $E^{-1}B$ 的最大特征根 λ_1 所对应的特征向量。式（6.10）和式（6.11）中的 B 和 E 分别为：

$$B=\sum_{k=1}^{K}n_k\begin{pmatrix}(E_S(X_1^{(k)})-E_S(X_1))^2 & \cdots & \begin{matrix}(E_S(X_1^{(k)})-E_S(X_1),\\ E_S(X_p^{(k)})-E_S(X_p))\end{matrix}\\ \vdots & \cdots & \vdots\\ \begin{matrix}(E_S(X_p^{(k)})-E_S(X_p),\\ E_S(X_1^{(k)})-E_S(X_1))\end{matrix} & \cdots & (E_S(X_p^{(k)})-E_S(X_p))^2\end{pmatrix} \tag{6.13}$$

$$E=\sum_{k=1}^{K}\begin{pmatrix}E_S(X_1^{(k)2})-E_S(X_1^{(k)})^2 & \cdots & E_S(X_1^{(k)}\cdot X_p^{(k)})-E_S(X_1^{(k)})E_S(X_p^{(k)})\\ \vdots & \ddots & \vdots\\ E_S(X_1^{(k)}\cdot X_p^{(k)})-E_S(X_1^{(k)})E_S(X_p^{(k)}) & \cdots & E_S(X_p^{(k)2})-E_S(X_p^{(k)})^2\end{pmatrix} \tag{6.14}$$

这样一来，通过求解矩阵 $E^{-1}B$ 所有的非零特征值为 $\lambda_1\geqslant\lambda_2\geqslant\cdots\geqslant\lambda_S>0$ 和特征向量 α_1，α_2，…，α_S，就可以得到在费歇尔准则下分布型符号数据所有的线性判别函数，记为式（6.15）：

$$\mu(X)=\alpha_s'X,\ k=1,\ 2,\ \cdots,\ S \tag{6.15}$$

根据判别系数（raw coeffcients）$\alpha_s(1\leqslant s\leqslant S)$ 的数值大小，可以大致判断对应的分布变量对于判别结果的贡献程度。然而，由于各个变量的量纲不一致，不宜直接比较 α_s，而是需要先对其进行标准化处理（Mueller & Wunsch，1988），得到标准化的判别系数（standardized coefficients）。同时，可以采用 $\Delta(\alpha)$ 的大小来评估所采用的判别函数的判别效果，若只采用一个判别函数进行判别，则判别效率 Q 为：

$$Q=\frac{\lambda_1}{\sum_{v=1}^{p}\lambda_v} \tag{6.16}$$

若采用多个判别函数，如需要使用 $m(m<p)$ 个判别函数 $\mu_1(X)$，$\mu_2(X)$，…，$\mu_m(X)$，此时判别效率为：

$$Q=\frac{\sum_{v=1}^{m}\lambda_v}{\sum_{v=1}^{p}\lambda_v} \tag{6.17}$$

6.3.2　基于瓦瑟斯坦平方距离的判别规则

由于待判样本的类别判定过程与聚类分析类似，常用的不同计算准则包括，最短距离法（single linkage）、最长距离法（complete linkage）、类平均距离法

(average linkage)和类中心法(centroid method)(Xu & Wunsch, 2005; Omran et al., 2007)。本节以类中心法为例，介绍基于瓦瑟斯坦平方距离的判别规则。

对于待判样本 O，主要通过待判样本投影点的得分与各类中心投影点的均值之间的距离进行归类。如果只使用一个判别函数 $\mu(X)=\alpha_1'X$，先将待判样本 O 在 α_1 上投影，并记为:

$$\mu(O)=\alpha_1'O \tag{6.18}$$

而总体 $G^{(k)}$ 的所有投影后的样本点记为:

$$Y^{(k)}=\mu(X^{(k)})=\alpha_1'X^{(k)}=(Y_1^{(k)}\quad Y_2^{(k)}\quad \cdots\quad Y_{n_k}^{(k)})' \tag{6.19}$$

并得到每个投影样本的分布函数 $F_{Y_u^{(k)}}(x)$ 及其反函数 $F^{-1}_{Y_u^{(k)}}(t)$ $(u=1, 2, \cdots, n_k)$，如果采用瓦瑟斯坦平方距离可以得到类中心 $\overline{Y}^{(k)}$，其分位函数为:

$$F^{-1}_{\overline{Y}^{(k)}}(t)=\frac{1}{n_k}\sum_{u=1}^{n_k}F^{-1}_{Y_u^{(k)}}(t) \tag{6.20}$$

使用类中心法，计算待判样本与总体 $G^{(k)}$ 类中心 $\overline{Y}^{(k)}$ 之间的瓦瑟斯坦平方距离:

$$d^2(\mu(O), \overline{Y}^{(k)})=\int_0^1(F^{-1}_{\mu(O)}(t)-F^{-1}_{\overline{Y}^{(k)}}(t))^2dt,\ k=1, 2, \cdots, K \tag{6.21}$$

通过计算待判样本 O 与所有类中心之间的距离，根据最小距离判别原则判别待判样本的归属，即若:

$$d^2(\mu(O), \overline{Y}^{(h)})=\min_{k=1,2,\cdots,K}d^2(\mu(O), \overline{Y}^{(k)}) \tag{6.22}$$

则 $X\in G^{(h)}$。

6.4 仿真研究

本节将采用仿真分析来研究所提方法的有效性，为了便于生成大量的分布型符号数据表，本节的验证采用生成不同形态的正态分布型符号数据表进行判别验证分析。

6.4.1 实验数据

不失一般性，假设判别数据集合有 3 个总体 $G^{(1)}$, $G^{(2)}$, $G^{(3)}$，其中，每个总体分别包含 n_1, n_2, n_3 个样本点。这样一来，总样本点 $n=n_1+n_2+n_3$；有 3

个变量 X_1，X_2，X_3。对于第 k 个总体，第 u 个样本点在第 v 个变量上的取值，通过随机生成正态分布型符号数据的均值 $\mu_{uv}^{(k)}$ 和标准差 $\sigma_{uv}^{(k)}$，从而形成一个服从均值为 $\mu_{uv}^{(k)}$、标准差为 $\sigma_{uv}^{(k)}$ 的正态分布型符号数据单元。其中，$\mu_{uv}^{(k)}$、$\sigma_{uv}^{(k)}$ 服从的分布，如表6.1所示。我们设置的第一个总体和第二个总体中，正态分布型符号样本的标准差 $\sigma_{uv}^{(k)}$ 这个参数在所有变量 X_1，X_2，X_3 上服从的分布是一致的，而第二个总体和第三个总体的正态分布型符号样本的均值 $\mu_{uv}^{(k)}$ 在所有变量 X_1，X_2，X_3 上服从的分布是一致的。也就是说，第一个总体的分布样本与第二个总体、第三个总体的分布样本主要是位置上的差异，而第三个总体的分布样本与第一个总体、第二个总体的分布样本，主要差异体现在分布形态上。

表6.1　蒙特卡洛仿真实验数据服从的分布函数

总体	X_1		X_2		X_3	
	$\mu_{u1}^{(k)}$	$\sigma_{u1}^{(k)}$	$\mu_{u2}^{(k)}$	$\sigma_{u2}^{(k)}$	$\mu_{u3}^{(k)}$	$\sigma_{u3}^{(k)}$
$G^{(1)}$	U（-5，5）	U（1，2）	U（5，15）	U（1，2）	U（10，20）	U（1，2）
$G^{(2)}$	U（-5，5）	U（1，2）	U（-5，5）	U（1，2）	U（5，15）	U（1，2）
$G^{(3)}$	U（-5，5）	U（4，5）	U（-5，5）	U（4，5）	U（5，15）	U（4，5）

6.4.2　仿真步骤

仿真实验通过以下3个步骤完成：

步骤一：根据表6.1的参数设置，分别生成3个总体中的 n_1，n_2，n_3 个观测对象，这样就形成3个总体的分布型符号数据矩阵。为了避免随机误差，实验将重复进行T次。

步骤二：在第t次试验中（t=1，2，…，T），通过分布型符号数据的费歇尔判别分析方法进行分析，并计算只使用一个判别函数的判别效率 Q_t，以及第k个总体中的样本被判别为第w个总体的个数 $c_{kw}^{(t)}$，比率 $q_{kw}^{(t)} = c_{kw}^{(t)}/n_k$，最后得到3个总体总的正判率 $p_t = (\sum_{k=1}^{3} c_{kk}^{(t)})/n$。

步骤三：在所有试验中只使用一个判别函数的条件下，计算T次试验的平均判别效率 $Q = (\sum_{t=1}^{T} Q_t)/T$，T次试验第k个总体中的样本被判到第w个总体的平

均比率 $\bar{q}_{kw} = (\sum_{t=1}^{T} q_{kw}^{(t)})/T$，以及 T 次试验总的平均正判率 $\bar{p} = (\sum_{t=1}^{T} p_t)/T$。

在本实验中，上述实验参数取值分别为：$n_1 = n_2 = n_3 = 100$，$T = 30$。

6.4.3 实验结果

表 6.2 给出仿真数据判别分析的结果，其中，非对角线上的元素为平均错判率，对角线上的元素为各个总体的平均正判率。可以看到，第一个总体和第二个总体的正判率均高于 97%，而第三个总体的正判率高达 100%，所有总体总的平均正判率为 $\bar{p} = 98.43\%$。并且可以计算只使用一个判别函数的平均判别效率为 $Q = 99.74\%$。

表 6.2　　仿真数据判别结果　　单位：%

总体	$G^{(1)}$	$G^{(2)}$	$G^{(3)}$
$G^{(1)}$	97.86	2.14	0
$G^{(2)}$	2.57	97.43	0
$G^{(3)}$	0	0	100

在实验仿真参数设置时我们提到，第三个总体与前两个总体的主要区别在于分布形态上。由于第三个总体的正判率高达 100%，说明运用分布型符号数据的费歇尔判别分析方法进行投影之后，采用瓦瑟斯坦平方距离可以有效地把分布形态不一致的样本区分开。

图 6.1 给出了三类总体在费歇尔投影轴上投影后的类中心，可以看出，与实验仿真参数设置是一致的。即第一类总体和第二类总体的类重心的主要差异体现在位置上，而第二类总体和第三类总体在位置上是一致的，主要差异体现在分布形态。而判别的结果显示，即便位置一致，只要分布的形态不同，就能很好地判别。仿真实验结果表明，本书提出的基于瓦瑟斯坦平方距离的分布型符号数据费歇尔的判别方法有较高的判别效率。并且，能够根据分布的位置以及形态对分布样本做出很好的判别归属。

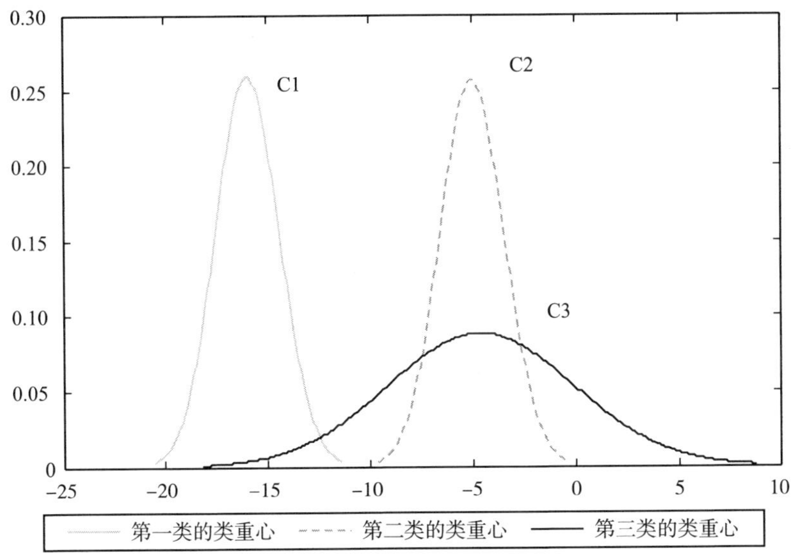

图 6.1　三类总体在费歇尔投影轴上投影后的类中心

6.5　案例分析

为了进一步说明本章所提到分布型符号数据费歇尔判别方法的应用价值，本节将采用气象数据进行降水过程的判别分析研究。天气预报是根据大气科学的基本理论和技术，根据当前天气形势的分析，对未来时期内某一地区天气变化的预先估计并做出预测。本节案例将针对降水因素进行判别分析，通过前一天的气温、太阳辐射量、风速来判断未来某天是否有降水过程。

采用的数据集合是美国全境 84 个观测站点①在 2010 年 7 月 8 日的气温（temperature）、太阳辐射量（solar_radiation）、风速（windspeed）及次日的降水（precipitation）数据，以此进行判别分析。分别采集上述 3 个指标在每个站点一天内 24 个时点的取值。剔除数据缺失严重的两个站点，剩余 82 个观测站点作为分布型符号数据样本集合。采用每一个气象因素在每个站点上的所有取值形成一个分布型符号数据单元，利用核密度估计其概率密度函数，从而形成 82 个样本在 3 个变量上的分布型符号数据。从 2010 年 7 月 9 日的降水数据可知，82 个站点中无降水的站点有 47 个，有降水的站点有 35 个。图 6.2 展示的是所有样本点

① 资料来源：http：//java. epa. gov/castnet/。

在3个指标上的概率密度函数图，从图中也可以看出，用核密度估计拟合而成的概率密度函数并不是常见的正态分布或者均匀分布，因此，运用一般分布型符号数据的分析方法是可行的。

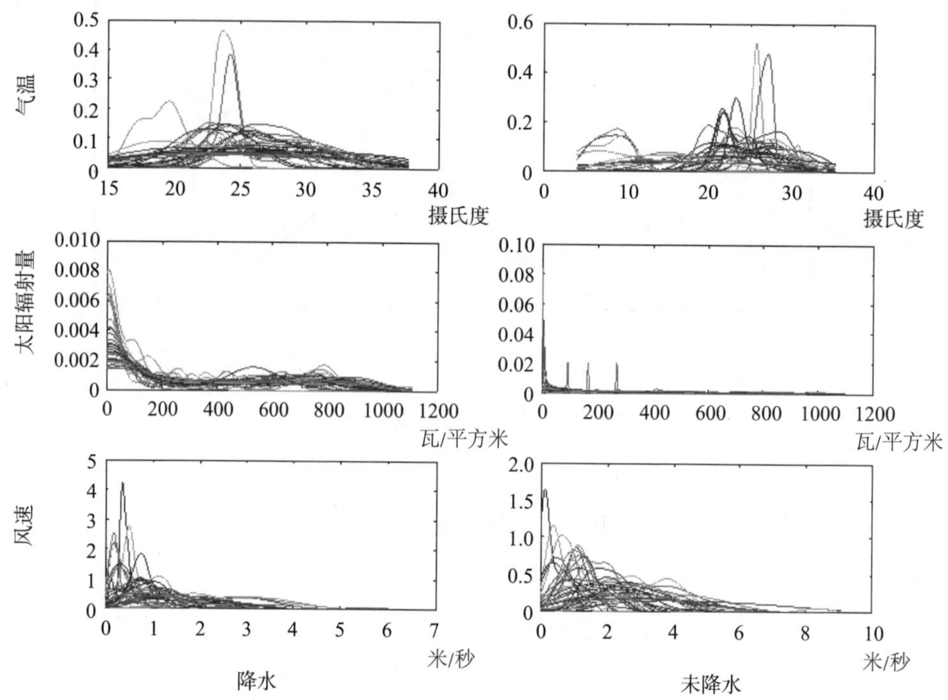

图6.2 原始样本的概率密度函数

根据第2章中分布型符号数据均值和方差的基本定义，可以计算3个变量在类内均值和方差，以及总均值和总方差，见表6.3。

表6.3 降水数据中各类分布型符号数据的均值和标准差

类别	气温（摄氏度）	太阳辐射量（瓦/平方米）	风速（米/秒）
（无降水）均值	21.809	261.317	2.031
（无降水）标准差	6.572	322.853	1.451
（有降水）均值	25.650	261.459	1.160
（有降水）标准差	4.546	323.040	0.977
（总）均值	23.449	261.378	1.659
（总）标准差	6.098	322.933	1.341

由于3个变量在量纲上存在较大差异，为了便于系数比较，下面，采用标准化数据进行费歇尔判别分析和检验。

根据式（6.13）和式（6.14）计算标准化后的分布型符号数据的组间方差：

$$B=\begin{bmatrix} 11.630 & -0.238 & -7.366 \\ -0.238 & 0.009 & 0.085 \\ -7.366 & 0.085 & 5.816 \end{bmatrix}$$

组内方差为：

$$E=\begin{bmatrix} 1.755 & -0.074 & -0.156 \\ -0.074 & 2.073 & 0.108 \\ -0.156 & 0.108 & 1.775 \end{bmatrix}$$

进一步，计算 $E^{-1}B$ 的所有特征根 $\lambda_1=8.782$，$\lambda_2=0.499$，$\lambda_3=1.53\times10^{-10}$。根据式（6.16）计算可知，使用第一个判别函数的判别效率为94.62%，通过计算特征根 λ_1 所对应的特征向量 α_1，即为第一个判别函数的系数，判别函数为：

$$\mu(X)=0.829X_1-0.015X_2-0.559X_3 \tag{6.23}$$

式（6.23）的判别函数在气温变量上的系数为正值，与风速变量上的系数为负值，可以看出气温与风速对于降水的贡献是反向相关的，在太阳辐射量这个变量上的系数虽然为负值，但是系数较小。

表6.4表示分布型符号数据费歇尔判别分析的结果，总体的平均正判率为76.8%，降水的正判率高达88.6%，其中，有4个站点将有降水判别为无降水。案例结果表明，本章所提出的方法具有突出的数据压缩能力，通过一个判别函数就能提取原始样本集合中94.62%的判别信息，并能较好地区分有降水的地区和无降水的地区。

表6.4　　分布型符号数据费歇尔判别结果

类别			判别类别		合计
			无降水	有降水	
原始类别	样本个数（个）	无降水	32	15	47
		有降水	4	31	35
	百分比（%）	无降水	68.1	31.9	100.0
		有降水	11.4	88.6	100.0

进一步采用本书所提的投影方法，可以计算出所有样本点在这一判别函数下

的投影分布。图 6. 3 和图 6. 4 是降水的所有样本和不降水的所有样本在第一判别函数上的投影。对比两图可以看出，相比不降水的站点在第一判别函数上的概率密度分布，降水的站点在第一判别函数上的分布更为一致。这也印证了在判别结果中，降水的样本判别效果好于不降水的样本。

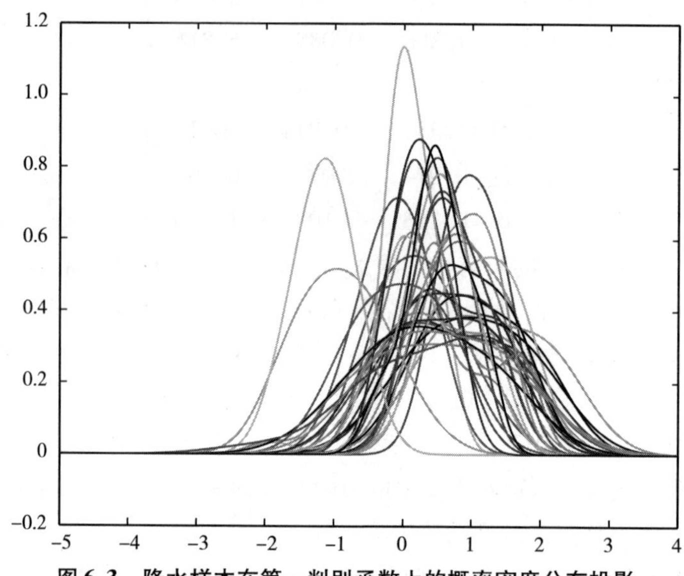

图 6. 3　降水样本在第一判别函数上的概率密度分布投影

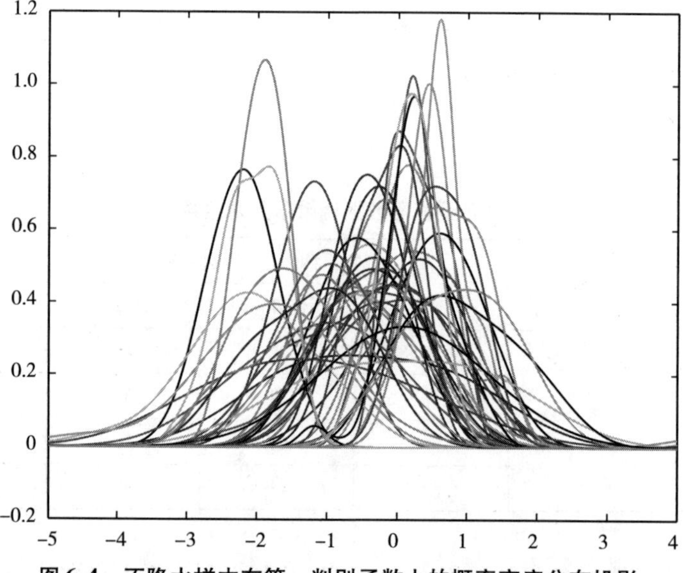

图 6. 4　不降水样本在第一判别函数上的概率密度分布投影

6.6　本章小结

本章提出了瓦瑟斯坦平方距离的分布型符号数据费歇尔的判别方法。首先，阐述了用于衡量分布型符号数据距离的瓦瑟斯坦平方距离测度，然后基于分布型符号数据向量的基本代数定义，其中包括分布型符号数据向量均值、方差以及线性组合等定义，直接推导了不同分布型符号数据总体的组间离差平方和以及组内离差平方和。其次，根据费歇尔判别分析的基本原理，推导分布型符号数据的线性判别函数。再次，利用距离判别的思想，根据待判样本投影点的得分与各类重心投影之间的瓦瑟斯坦平方距离，建立待判样本的判别规则。蒙特卡洛仿真实验结果说明，借助费歇尔判别的思想，本书所提出的瓦瑟斯坦平方距离的分布型符号数据费歇尔判别方法具有较高的效率。最后，瓦瑟斯坦平方距离能够很好地在位置和形态两方面同时对分布样本进行区分。案例分析是使用分布型符号数据概括美国 82 个气象观测站点每天的气象因素指标数据，并建立相应的多元判别模型，从而预测每个站点次日的降水情况，采用本书所提方法判别的结果是合理并且高效的。

第 7 章

总结与展望

在现代信息社会，各个领域的数据量呈现爆炸式的增长趋势。针对海量样本点和巨量维度等数据分析方面的新挑战，符号数据分析等数据简约技术就成为一种重要的研究工具。在现有的文献研究中，通常把区间数据、直方图数据以及其他连续型分布型符号数据作为不同的数据类型分别进行研究，很少讨论这些数据的共性特征，同时，普遍要求符号数据表中所有的数据单元必须是同一种类型的分布。但是，在很多实际问题中，数据表中分布类型经常是混杂的。此外，各种类型的符号数据研究，一直缺乏精确的计算方法。在这个背景下，本书初步讨论了对混合型符号数据表的多元分析。在探讨分布型符号数据的基本定义和运算规则的基础之上，研究了适用于分布型符号数据的多元分析方法的建模理论，所提方法允许在数据表中的每一个数据单元都服从不同类型的分布。因此，具有更加普遍的适用性，为进一步扩展符号数据的应用范围提供了新的思路和解决办法。

在符号数据的基础理论方面，以概率论中连续随机变量的数字特征积分计算理论为基础，介绍了混合分布型符号数据变量的均值、方差、协方差的定义，并提出了这类符号数据的线性组合计算方法。书中从分布型符号数据的基本定义出发，阐述并说明了区间数据、直方图数据以及其他连续分布型符号数据等类型的定量符号数据均可以看作是分布型符号数据的特殊情况，并给出每一类定量符号数据对应的概率密度函数。在此基础上，提出分布型符号数据的数字特征，重点给出了分布型符号数据的样本协方差、样本相关系数等概念。同时，还对相关的数据预处理技术进行讨论。在分布型符号数据的线性组合计算方法上，除了将目前主流的区间数据的莫尔代数扩展到直方图数据的计算中，更为重要的是，采用的密度函数的卷积运算转化为特征函数的乘积运算，从而运用随机变量的特征函数的定义和逆变换，给出多个分布型符号数据变量的线性组合计算方法，简化了相互独立的连续型随机变量的线性运算问题。分布型符号数据特征提取方法模型提供了统一的理论依据，并为其他多元统计分析方法的研究提供了思路。

在建模方法上，基于分布型符号数据的数字特征和线性组合运算等基本定义和性质，本书着重介绍了 3 种分布型符号数据特征提取方法的建模方法，包括：

（1）分布型符号数据主成分分析方法。该方法在考虑分布样本内全部信息的重要前提下对分布型符号数据表进行降维，得到准确反映分布样本内部结构特征的主轴。通过分布型符号数据的线性运算可将分布样本精确地投影到降维后的每一个主轴，实现了分布样本的分布形态的可视化。进一步，该方法不仅可以处理现有所有不同类型的定量型符号数据集，例如，区间数据、直方图数据、正态分布型符号数据等，还可以用于处理混合型分布的符号数据集合。

（2）分布型符号数据的典型相关分析方法。以分布型符号变量的线性组合和数字特征为基础，从典型相关分析的工作目标和计算方法出发，根据第 2 章和第 3 章介绍的分布型符号数据的线性组合算法以及协方差矩阵的求解方法，将传统典型相关分析法的运用范围从原来的单值数据形式拓展到了分布型符号数据形式，并实现了分布型符号数据典型相关分析从计算到可视化的全部过程。该方法有利于探索对于大样本、多维度的多个复杂数据系统之间相关关系提取的研究方法。

（3）基于瓦瑟斯坦平方距离的分布型符号数据费歇尔判别方法。从理论上推导了不同分布型符号数据总体的组间离差平方和以及组内离差平方和的表达，以及分布型符号数据费歇尔线性判别函数的表达，同时，结合分布型符号数据的瓦瑟斯坦平方距离定义给出类中心的表达和相应的判别规则。该方法能有效地融合样本的类别信息，模型的稳定性较好，判别结果可靠。

本书介绍了分布型符号数据的一些基础理论和建模方法，但是，对于分布型符号数据的建模研究仍然有以下几点工作可以开展：

（1）进一步完善分布符号数据的基础理论，关于分布型符号数据、数字特征的定义主要用到的信息局限于分布型符号数据单元的一阶矩和二阶矩，同时计算过程依赖于同一符号对象在不同变量上的分布独立假设，使得基于这些定义所构建的模型在实际应用中还有些局限性，模型精度还有待进一步提高。

（2）对于分布型符号数据的线性组合运算，虽然有明确的解析表达，但计算量较大。此外，该线性组合运算形式同样依赖于同一符号对象在不同变量上的分布独立假设。这一假设的合理性和有效性有待进一步研究和讨论。

（3）继续完善分布型符号数据及其他类型符号数据的多元统计分析方法的建模理论，丰富分布型符号数据的多元统计分析研究工具，其中，包括分布型符号数据的回归分析、聚类分析，等等。此外，继续开展其他类型符号数据的统计建模方法，例如，针对定性符号数据、层次结构符号数据，甚至是定性定量混合符号数据的建模研究。

附录 A　案例数据表

表 A　　2007 年 JCR 数据库的直方图数据

学科	X_1	X_2	X_3	X_4	X_5
地球科学类	[2,24448]0.990	[0.07,1.60]0.651	[0.10,2.55]0.7948	[3,504]0.9874	[0.02,1.59]0.9222
	(24448,48894]0.0083	(1.60,3.13]0.289	(2.55,5.01]0.1958	(504,1005]0.0084	(1.59,3.17]0.0708
	(48894,73340]0	(3.13,4.66]0.053	(5.01,7.46]0.0047	(1005,1507]0.0021	(3.17,4.74]0.0024
	(73340,97786]0	(4.66,6.19]0.002	(7.46,9.92]0.0024	(1507,2008]0	(4.74,6.33]0.0024
	(97786,122233]0.0021	(6.19,7.74]0.004	(9.92,12.38]0.0024	(2008,2510]0.0021	(6.3256,7.902]0.0024
综合类	[3,83448]0.9400	[0.01,5.75]0.92	[0.01,6.13]0.9111	[9,706]0.9149	[0.004,3.40]0.9333
	(83448,166893]0	(5.75,11.50]0.04	(6.13,2.25]0.0444	(706,1403]0.0638	(3.40,6.80]0.0222
	(166893,250338]0	(11.50,17.25]0	(12.25,18.38]0	(1403,2100]0	(6.80,10.19]0
	(250338,333783]0	(17.25,23.00]0	(18.38,24.50]0	(2100,2797]0	(10.19,13.59]0
	(333783,417228]0.060	(23.00,28.76]0.04	(24.50,30.64]0.0444	(2797,3494]0.0213	(13.59,17]0.0444
信息科学类	[1,5336]0.9479	[0.009,2.18]0.8963	[0.007,2.2994]0.8233	[3,380]0.9813	[0.001,1.02]0.8562
	(5336,10671]0.0437	(2.18,4.36]0.0952	(2.29,4.59]0.1451	(380,757]0.0172	(1.02,2.04]0.1043
	(10671,16006]0	(4.36,6.54]0.0071	(4.59,6.88]0.0252	(757,1134]0	(2.04,3.07]0.0332
	(16006,21341]0.0070	(6.54,8.71]0	(6.88,9.17]0	(1134,1511]0	(3.07,4.09]0.0047
	(21341,26676]0.0014	(8.71,10.90]0.0014	(9.17,11.47]0.0063	(1511,1888]0.0014	(4.09,5.12]0.0016
数学物理科学类	[1,56558.2]0.9896	[0.009,7.68]0.9871	[0.007,8.46]0.984	[1,1164]0.9705	[0.004,5.09]0.9831
	(56558,113115]0.0064	(7.68,15.36]0.0089	(8.46,16.92]0.0107	(1164,2327]0.0246	(5.09,10.18]0.0125
	(113115,169672]0.0016	(15.36,23.04]0.0032	(16.92,25.37]0.0045	(2327,3491]0.0016	(10.18,15.27]0.0036
	(169672,226229]0.0008	(23.04,30.72]0	(25.37,33.83]0	(3491,4654]0.0016	(15.27,20.36]0
	(226229,282787]0.0016	(30.72,38.41]0.0008	(33.83,42.30]0.0009	(4654,5818]0.0016	(20.36,25.46]0.0009

续表

学科	X_1	X_2	X_3	X_4	X_5
生命科学类	[2,81572]0.9968	[0.01,13.81]0.9882	[0.01,9.93]0.9738	[1,781]0.9908	[0.003,5.33]0.9809
	(81572,163142]0.0028	(13.81,27.61]0.0097	(9.93,19.86]0.0199	(781,1561]0.0082	(5.33,10.66]0.0145
	(163142,244712]0.0002	(27.61,41.42]0.0015	(19.86,29.79]0.0044	(1561,2341]0.0006	(10.66,15.99]0.0024
	(244712,326282]0	(41.42,55.22]0.0004	(29.79,39.71]0.0012	(2341,3121]0.0002	(15.99,21.32]0.002
	(326282,407853]0.0002	(55.22,69.03]0.0002	(39.71,49.65]0.0006	(3121,3902]0.0002	(21.32,326.66]0.0002
化学科学类	[14,59104]0.9821	[0.09,4.62]0.9225	[0.07,5.51]0.9411	[5,1037]0.9541	[0.01,2.22]0.9525
	(59104.2,118194]0.0161	(4.62,9.15]0.0613	(5.51,10.95]0.0418	(1037,2069]0.0404	(2.22,4.44]0.0361
	(118194.4,177284.6]0	(9.15,13.69]0.0108	(10.95,16.39]0.0095	(2069,3101]0.0037	(4.44,6.65]0.0038
	(177284.6,236374.8]0	(13.69,18.22]0.0018	(16.39,21.83]0.0038	(3101,4133]0	(6.65,8.86]0.0019
	(236374.8,295465]0.0018	(18.22,22.76]0.0036	(21.83,27.28]0.0038	(4133,5165]0.0018	(8.86,11.09]0.0057
管理科学类	[55,2466]0.8500	[0.03,0.45]0.2	[0.26,0.96]0.5179	[3,170]0.9153	[0.11,0.57]0.4643
	(2466,4877]0.1000	(0.45,0.86]0.45	(0.96,1.67]0.3036	(170,337]0.0678	(0.57,1.02]0.3571
	(4877,7288]0.0167	(0.86,1.28]0.2	(1.67,2.38]0.125	(337,504]0	(1.02,1.47]0.1071
	(7288,9699]0	(1.28,1.70]0.0833	(2.38,3.09]0.0179	(504,671]0	(1.47,1.93]0.0536
	(9699,12110]0.0333	(1.70,2.13]0.0667	(3.09,3.80]0.0357	(671,838]0.0169	(1.93,2.39]0.0179
工程材料科学类	[1,15888]0.9773	[0.003,4.17]0.9806	[0.003,4.54]0.9753	[4,515]0.9506	[0.001,2.21]0.984
	(15888,31775]0.0178	(4.17,8.34]0.015	(4.54,9.08]0.0187	(515,1026]0.0342	(2.21,4.43]0.0114
	(31775,47663]0.0037	(8.34,12.50]0.0013	(9.08,13.63]0.0027	(1026,1537]0.0127	(4.43,6.65]0.0027
	(47663,63550]0.0006	(12.50,16.67]0.0019	(13.63,18.17]0.002	(1537,2048]0.0006	(6.65,8.86]0.0007
	(63550,79438]0.0006	(16.67,20.85]0.0013	(18.17,22.72]0.0013	(2048,2560]0.0019	(8.86,11.084]0.0013

附录 B　案例数据图 1

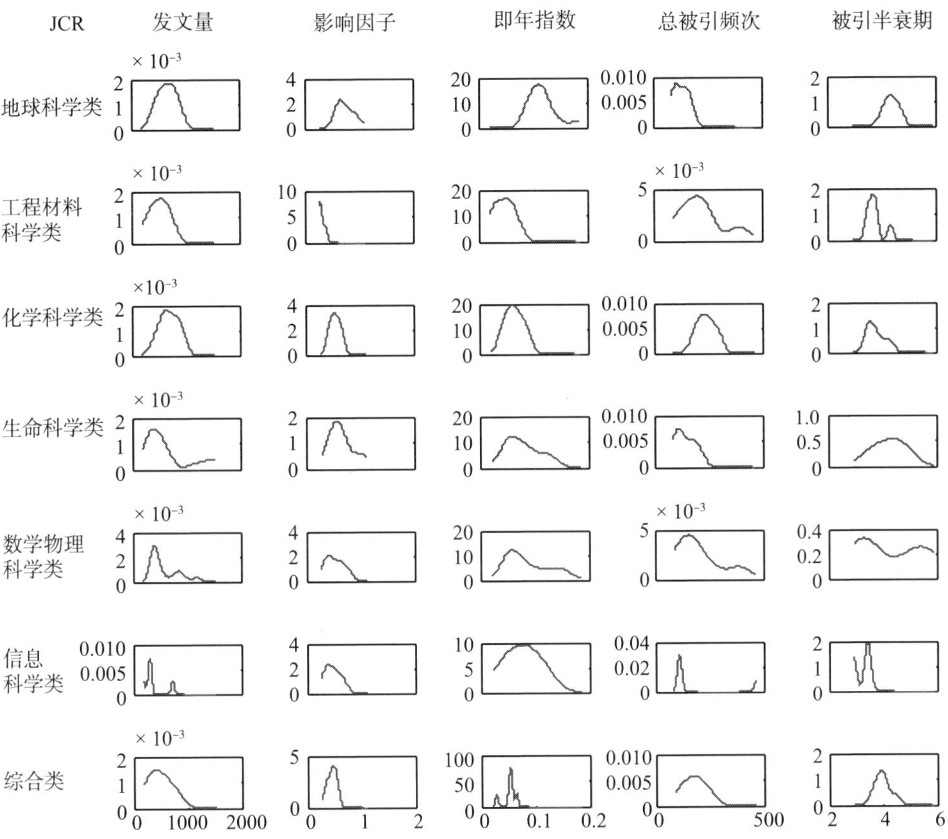

图 B1　CSCD 数据库与 JCR 数据库共同样本在 JCR 指标上的分布型符号数据

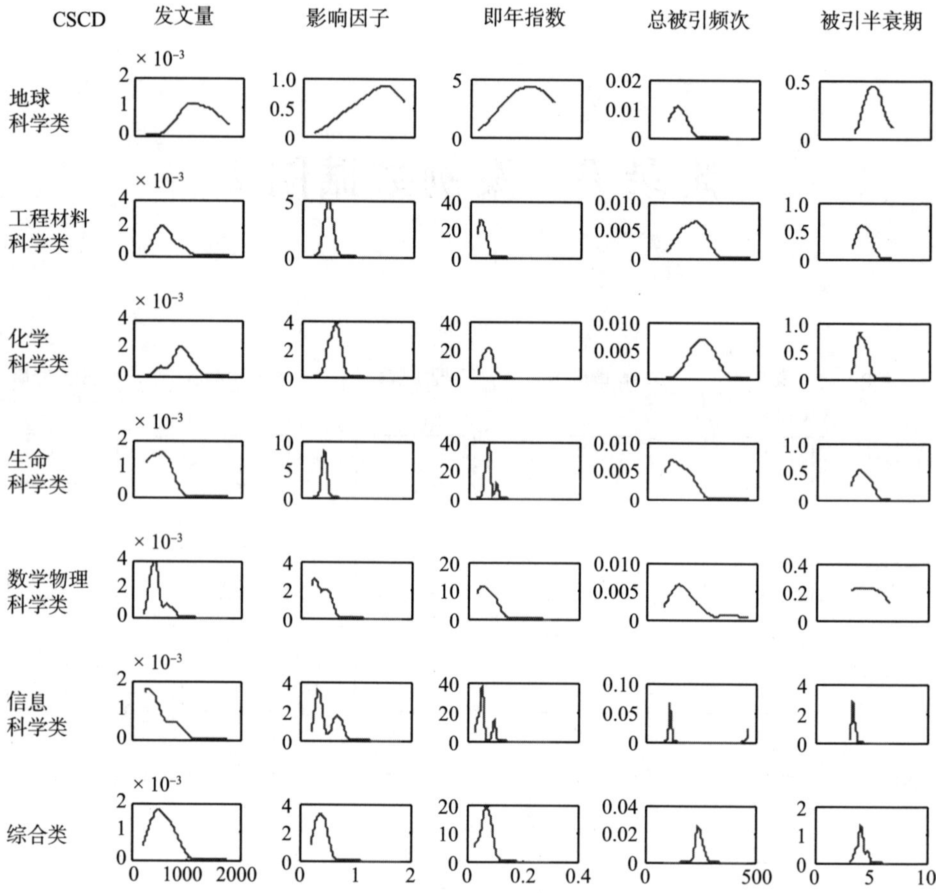

图 B2　CSCD 数据库与 JCR 数据库共同样本在 CSCD 指标上的分布型符号数据

附录 C　案例数据图 2

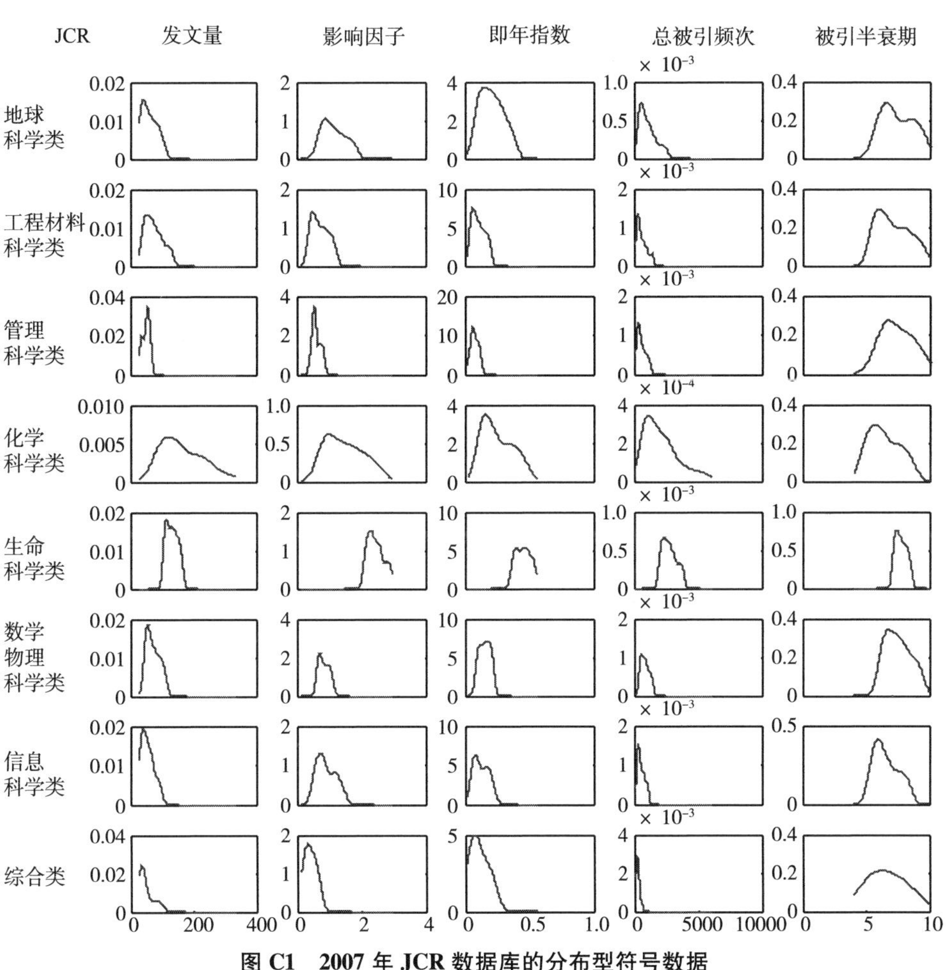

图 C1　2007 年 JCR 数据库的分布型符号数据

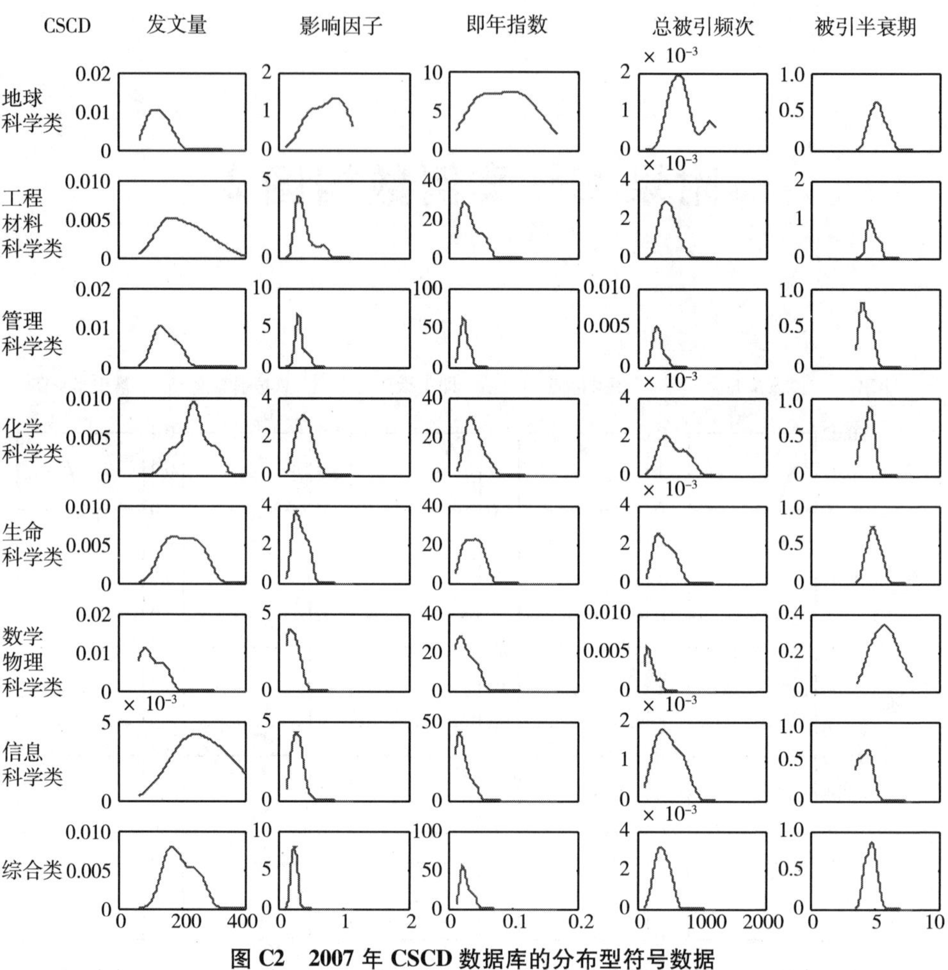

图 C2　2007 年 CSCD 数据库的分布型符号数据

参考文献

[1] 胡艳，王惠文．一种区间数的因子分析技术及其在证券市场中的应用[J]．数理统计与管理，2004 (4)：53 -58.

[2] 李汶华，郭均鹏．股票综合评价的符号数据 PCA 方法 [J]．数理统计与管理，2009 (4)：730 -735.

[3] 王惠文等．中国硬麦期货交易的距到期日效应研究 [J]．系统工程理论与实践，2007 (3)：123 -127.

[4] 张寅，王岩，王惠文．重点学术期刊专项基金管理中的期刊评价——基于简化的区间数据主成分分析方法 [J]．管理科学学报，2010 (7)：88 -94.

[5] 张寅．大规模数据区间主成分分析的简化算法及其应用 [D]．北京：北京航空航天大学，2010.

[6] 魏新．区间型符号数据的判别分析方法研究 [D]．天津：天津大学，2010.

[7] 高峰．一般区间与分布式符号数据的 PCA 研究 [D]．天津：天津大学，2009.

[8] 王立元，胡艳，王惠文．区间数据典型相关分析技术及其在股市分析中的应用 [J]．系统工程理论与实践，2005 (1)：128 -133.

[9] 胡瑶．区间数据典型相关分析方法及其应用 [D]．北京：北京航空航天大学，2011.

[10] 蒋筱，叶春峰．特征因子（EigenfactorTM）与期刊评估 [J]．医学信息学杂志，2009，30 (9)：52 -55.

[11] 米佳，濮德敏．特征因子原理及实证研究 [J]．文献计量学，2009 (6)：63 -68.

[12] Diday E. The symbolic approach in clustering and relatingmethods of data analysis：the basic choices [A]. In：Conference of the International Federation of

Classification Societies [C]. 1987: 673 -684.

[13] Bock H. H. , Diday E. Analysis of symbolic data: exploratory methods for extracting statistical information from complex data [M]. New York: Springer, 2000.

[14] Billard L. , Diday E. Symbolic data analysis: conceptual statistics and data mining [M]. Chichester: Wiley, 2006.

[15] Diday E. , Noirhomme - Fraiture M. Symbolic data analysis and the SODAS software [M]. Chichester: Wiley - Interscience, 2008.

[16] Diday E. Probabilist, possibilist and belief objects for knowledge analysis [J]. Annals of Operations Research, 1995, 55 (2): 225 -276.

[17] Malerba D. , Esposito F. and Monopoli M. Comparing dissimilarity measures for probabilistic symbolic objects [J]. Data Min Ⅲ Ser Manag Inf Syst, 2002 (6): 31 -40.

[18] Diday E. , Vrac M. Mixture decomposition of distributions by copulas in the symbolic data analysis framework [J]. Discrete Appl Math, 2005, 147 (1): 27 -41.

[19] Verde R. , Irpino A. New statistics for new data: a proposal for comparing multivalued numerical data [J]. Stat Appl, 2009, 21 (2): 185 -206.

[20] Irpino A. , Verde R. Basic statistics for distributional symbolic variables: a new metric-based approach [J]. Advances in Data Analysis & Classification, 2015, 9 (2): 143 -175.

[21] Billard L. , Diday E. From the statistics of data to the statistics of knowledge: symbolic data analysis [J]. Journal of the American Statistical Association, 2003, 98 (462): 470 -487.

[22] Moore R. E. Interval analysis [M]. Englewood Cliffs: Prentice - Hall, 1966.

[23] Nagabhushan P. , Chidananda Gowda K. , Diday E. Dimensionality reduction of symbolic data [J]. Pattern Recogn Lett, 1995, 16 (2): 219 -223.

[24] Cazes P. , Chouakria A. , Diday E. , Schektrman Y. Entension de l'analyse en composantes principalesà des données de type intervalle [J]. Revue de Statistique Appliquée, 1997, 45 (3): 5 -24.

[25] Lauro C. N. , Verde R. , Palumbo F. Factorial data analysis on symbolic objects under cohesion constrains [A]. Kiers H. , Rasson J. - P. , Groenen P. , et al, Data Analysis, Classificationand Related Methods [C]. Heidelberg: Springer -

Verlag, 2000.

[26] Lauro C. N., Palumbo F. Principal components analysis of interval data: A symbolic dataanalysis approach [J]. Computational Statistics, 2000, 15 (1): 73 - 87.

[27] Palumbo F., Lauro C. N. A PCA for interval valued data based on midpoints and radii [A]. Yanai H., Okada A., Shigemasu K., et al, New developments in psychometrics [C]. Tokyo: Psychometric Society and Springer - Verlag, 2003: 641 - 648.

[28] D'Urso P., Giordani P. A least squares approach to principal component analysis for interval valued data [J]. Chemometrics and intelligent laboratory systems, 2004, 70 (2): 179 - 192.

[29] Gioia F., Lauro C. N. Principal component analysis on interval data [J]. Computational Statistics, 2006, 21 (2): 343 - 363.

[30] Le - Rademacher J., Billard L. Symbolic covariance principal component analysis and visualization for interval-valued data [J]. J Comput Graph Stat, 2012, 21 (2): 413 - 432.

[31] Wang H., Guan R., Wu J. CIPCA: Complete-information-based Principal Component Analysis for Interval-valued Data [J]. Neurocomputing, 2012 (86): 158 - 169.

[32] Rodrıguez O., Diday E., Winsberg S. Generalization of the principal components analysis to histogram data [A]. In: Workshop on simbolic data analysis of the 4th European Conference on principles and practice of knowledge discovery in data bases [C]. Setiembre, 2000: 12 - 16.

[33] Makosso - Kallyth S., Diday E. Adaptation of interval PCA to symbolic histogram variables [J]. Adv Data Anal Classif, 2012, 6 (2): 147 - 159.

[34] Nagabhushan P., Kumar RP (2007) Histogram PCA [A]. In: Liu D et al (eds) Advances in Neural Networks [M] ISNN 2007, vol 4492. Springer, Berlin, Heidelberg, 2007: 1012 - 1021.

[35] Cazes P. Analyse factorielle d'un tableau de lois de probabilité [J]. Revue de Statistique Appliquée, 2002, 50 (3): 5 - 24.

[36] Ichino M. The quantile method for symbolic principal component analysis [J]. Stat Anal Data Min, 2011, 4 (2): 184 - 198.

[37] Verde R. Symbolic object decomposition by factorial techniques [R]. Paris: Liseceremade, Université Paris IX Dauphine, 1997.

[38] Verde R. Generalised canonical analysis on symbolic objects [M]. Heidelberg: Springer, 1999: 195 -202.

[39] Lauro, N. C. , Palumbo, F. , New Approaches to Principal Component Analysis of Interval Data [A]. Nanopoulos, New Techniques and Technologies for Statistics (NTTS' 98) [C]. 1998.

[40] Lauro N. , Verde R. , Palumbo F. Factorial discriminant analysis on symbolic objects [J]. Analysis of Symbolic Data: Exploratory Methods for Extracting Statistical Information from Complex Data, 2000 (15): 212 -233.

[41] Silva A. P. D. , Brito P. Linear Discriminant Analysis for Interval Data [J]. Computational Statistics, 2006 (21): 289 -308.

[42] Ciampi, A. , Constructing Prediction Tree from Data: the Recpam Approach [A]. Antoch, J. , Computational Aspects of Model Choice [C]. Heidelberg, 1992: 105 -152.

[43] Diday, E. , The Symbolic Approach in Clustering and Related Method of Data Analysis: The Baisc Choices [A]. Bock, H. H. , IFCS -87 [C]. 1988: 673 -684.

[44] Rasson J. Lallemand P. Symbolic Bayes Decision Tree [A]. In: Symbolic Data Analysis and the SODAS software [M]. England, 2008: 333 -340.

[45] Bravo, M. C. , Segmentation Tree for Stratified Data [A]. Jansen, J. , AMSDA'97 [C]. 1997: 37 -42.

[46] Bravo, M. C. , Symbolic Object Description of Strata by Segmentation Tree [A]. Nanapoulos, NTTS' 98 [C]. 1998: 85 -90.

[47] Bisgaard T. M. , Sasvári Z. Characteristic Functions and Moment Sequences: Positive Definiteness in Probability [M]. Huntington, NY : Nova Science Publ, 2000.

[48] Wang H. , Chen M. , Li N. , Wang L. Principal component analysis of modal interval-valued data with constant numerical characteristics [A]. In: The 58thWorld Statistics Congress of the International Statistical Institute [C]. Ireland, Dublin, 2011.

[49] Ichino M. , Yaguchi H. Generalized Minkowski metrics for mixed feature-

type data analysis [J]. Syst Man Cybernet IEEE Trans, 1994, 24 (4): 698 -708.

[50] Gibbs A., Su F. On choosing and bounding probability metrics [J]. International Statistical Review, 2002, 70 (3): 419 -435.

[51] Irpino A., Romano E. Optimal histogram representation of large data sets: Fisher vs piecewise linear approximations [J]. RNTI, 2007 (9): 99 -110.

[52] Mueller R. O., Cozad J. B. Standardized Discriminant Coefficients: Which Variance Estimate is Appropriate? [J]. Journal of Educational Statistics, 1988, 13 (4): 313 -318.

[53] Xu R., Wunsch D. Survey of clustering algorithms [J]. Neural Networks, IEEE Transactionson, 2005, 16 (3): 645 -678.

[54] Omran M. G., Engelbrecht A. P., Salman A. An overview of clustering methods [J]. Intelligent Data Analysis, 2007, 11 (6): 583 -605.

[55] Cunningham P. Machine Learning Technique for Multimedia [M]. Berlin Heidelberg: Springer, 2008: 91 -112.

[56] Meiling Chen, Huiwen Wang, Zhongfei Qin. Principal Component Analysis for Probabilistic Symbolic Data: a More Generic and Accurate Algorithm, Advances in Data Analysis and Classification [J]. 2015, 9 (1): 59 -79.

[57] Huiwen Wang, Meiling Chen, Xiaojun Shi, and Nan li. Principal Component Analysis for Normal - Distribution - Valued Symbolic Data [J]. IEEE Transactions on Cybernetics, 2016, 46 (2): 356 -365.

[58] Verde R., Irpino A. Ordinary Least Squares for Histogram Data Based on Wasserstein Distance [C] // Y. Lechevallier, G. Saporta. Proceedings of COMPSTAT'2010. Berlin: Springer - Verlag, 2010: 581 -588.

[59] Dias S., Brito P. A new linear regression model for histogram-valued variables [A]. In: 58th ISI World Statistics Congress [C]. Dublin, Ireland, 2011.

[60] Irpino, A., & Verde, R. Linear regression for numeric symbolic variables: a least squares approach based on wasserstein distance [J]. Advances in Data Analysis & Classification, 2015, 9 (1): 81 -106.

[61] Verde, R., Irpino, A., & Balzanella, A. Dimension reduction techniques for distributional symbolic data [J]. IEEE Transactions on Cybernetics, 2016, 46 (2): 344 -355.